L'ORGANISATION COMMERCIALE

ET LE

MAGASINAGE PUBLIC

EN FRANCE ET EN ANGLETERRE

EXAMEN COMPARATIF

PUBLIÉ A PROPOS DE L'ENQUÊTE

PROVOQUÉE PAR LES

TRAITÉS DE COMMERCE

L'ORGANISATION COMMERCIALE

ET LE

MAGASINAGE PUBLIC

EN FRANCE ET EN ANGLETERRE

EXAMEN COMPARATIF

PUBLIÉ A PROPOS DE L'ENQUÊTE

PROVOQUÉE PAR LES

TRAITÉS DE COMMERCE

PARIS

CHEZ M. PAUL DUPONT, ÉDITEUR

41, RUE J.-J.-ROUSSEAU (HOTEL DES FERMES)

MM. GUILLAUMIN ET Cie, ÉDITEURS

14, RUE DE RICHELIEU

ET CHEZ LES PRINCIPAUX LIBRAIRES

PRÉFACE

Cette étude sur l'ORGANISATION COMMERCIALE et le MAGASINAGE PUBLIC, en Angleterre et en France, se compose d'une suite de lettres :

Les deux premières, adressées à la **Chambre de commerce de Paris**, les 31 juillet et 30 septembre 1869 ; les autres écrites pour satisfaire à une demande de MM. les administrateurs du journal *« la Patrie »*.

Les développements qu'il a paru nécessaire de donner à l'examen des questions qui y sont traitées ayant fait considérer que le volume de ces lettres dépassait le cadre d'un journal, il en a été fait, par l'auteur, un *Résumé* que *« la Patrie »* a publié dans ses numéros des 9, 12 et 13 novembre.

Ce résumé, qu'il a fallu restreindre autant qu'il a été possible, n'a pu être, en quelque sorte, qu'une suite d'indications sommaires ; c'est par ce motif que les lettres sont aujourd'hui publiées « *in extenso,* » avec le désir d'appeler. sur les questions qui y sont traitées, l'attention du si grand nombre de personnes que ces questions intéressent, et, en même temps, de l'administration publique qui, seule, a le pouvoir de prendre suffisamment en considération les faits énoncés pour leur donner la solution qui lui sera démontrée conforme aux intérêts du commerce et de l'industrie.

Puisse cette solution être satisfaisante et aussi prompte qu'elle parait désirable à l'auteur de ce travail.

UN NÉGOCIANT.

QUESTION SPÉCIALE

DU

MAGASINAGE PUBLIC

A Monsieur le Président et à Messieurs les Membres de la Chambre de Commerce de Paris.

MESSIEURS,

Un sentiment d'intérêt général me porte à réclamer votre attention en faveur d'une institution qui, bien qu'elle ait plus d'une fois déjà occupé les Chambres de commerce, n'a pas encore reçu une satisfaisante organisation. — Mes convictions à cet égard me font considérer comme un devoir de la signaler de nouveau à l'attention de la Chambre de commerce de Paris.

C'est le MAGASINAGE PUBLIC.

Nous avons emprunté à l'Angleterre cette institution.

Il est de toute notoriété que le Magasinage public, perfectionné en Angleterre par plus d'un demi-siècle de pratique, y fonctionne dans des conditions telles, qu'il est devenu la base, l'origine d'une série d'usages et de moyens d'action, dont les fécondes combinaisons ont considérablement développé, sinon complétement transfiguré, la puissance financière et commerciale de ce pays.

En Angleterre, les *Magasins publics* des Docks et autres, les *Warrants,* les *Ventes aux enchères* sont devenus les bases fondamentales sur lesquelles repose le mouvement commercial.

En France, nous en sommes encore à soupçonner à peine les services à obtenir de ces puissants instruments. Je pourrais presque dire qu'ils y sont encore inconnus.

Un simple exposé devra suffire pour le démontrer.

Pourquoi?

C'est que, dès son introduction en France, en 1848, l'institution du Magasinage public a été faussée dans son but et dans son application.

Vingt et une années d'expériences sont venues le prouver.

La fondation de Magasins publics, sous le titre de *Magasins généraux,* a eu pour origine et pour cause la crise financière qui a suivi la révolution de 1848. Dans le but de venir en aide aux commerçants aux abois, le gouvernement provisoire a décrété, le 21 mars 1848, la fondation de ces établissements, *uniquement* en vue de faciliter les *emprunts sur marchandises,* en permettant de représenter celles-ci par des *Récépissés descriptifs*, transférables par endossement.

S'il s'en fût tenu là, le gouvernement provisoire eût doté la France du *Warrant anglais*, lequel n'est autre chose qu'un *Récépissé de la marchandise*, transmissible par endossement.

Il n'y avait plus qu'à réformer la législation en matière de *Ventes publiques*, en supprimant les droits fiscaux et les formalités préalables qui en rendaient l'usage commercial impossible, pour que les bases essentielles de l'organisation commerciale anglaise se trouvassent introduites dans notre pays.

Malheureusement il n'en a pas été ainsi. *Un arrêté administratif*, en date du 26 mars 1848, vint imposer à l'emploi du récépissé transférable des conditions que les circonstances justifiaient, mais qui, en temps ordinaire, suffiraient pour dénoncer un grand état de gêne et de besoin chez le négociant qui consentirait à les accomplir, telles que :

« La constatation par deux experts, assistés d'un « courtier de commerce, ou d'un commissaire pri- « seur, de la valeur de la marchandise déposée, avec « énonciation de cette estimation sur le récépissé.

« L'obligation de faire inscrire sur les registres des « Magasins chaque transfert du récépissé, etc. »

Ces formalités, indices manifestes d'une *nécessité* de faire ressource de la marchandise, n'ont pas tardé à paraître aussi dangereuses qu'inutiles.

Est-il surprenant que, le moment de crise passé, l'emploi du Récépissé transférable ait été à peu près complétement abandonné?

L'institution des Magasins publics s'est seule maintenue, parce qu'elle présente une économie de frais et de soins que le commerce n'a pas tardé à apprécier.

Une période de dix années s'est écoulée, pendant laquelle l'amélioration de cet état de choses a été vainement réclamée. C'est seulement en 1858 que la sollicitude de l'administration supérieure s'est manifestée par la présentation aux Chambres d'un projet de loi sur les *Magasins généraux* et sur les *Ventes aux enchères publiques des marchandises en gros*.

L'on eût pu et dû croire que ce projet de loi, *en ce qui concernait les Magasins généraux,* avait pour objet de supprimer les prescriptions et formalités dont dix années d'expérience avaient démontré les inconvénients.

Pourquoi n'en fut-il pas ainsi?

Il faut bien qu'on le reconnaisse aujourd'hui; c'est parce que l'appréciation de cette question n'avait pas encore fait alors, *en dehors du commerce,* les progrès qu'elle a faits depuis.

Le nouveau projet de loi de 1858, envisageant l'institution des Magasins généraux *exactement de la même façon qu'en 1848,* non-seulement maintenait la plupart des dispositions existantes, mais les aggravait *en y ajoutant*.

Cette nouvelle loi adjoignait au Récépissé un second titre dénommé *Bulletin de gage*, en imposant à son emploi un surcroît de formalités.

« Obligation de mentionner sur ce titre l'emprunt « contracté, avec indication du taux d'intérêt, les « nom, profession et domicile du créancier.

« Obligation, pour ce dernier, de faire inscrire « cette mention *sur les registres du magasin.* »

Comme conséquence donc : *Obligation pour les commerçants de faire entrer le public dans le secret de leurs affaires et de leurs besoins.*

Puis, une série d'autres complications nécessitées par l'emploi de deux titres au lieu d'un.

Le Corps législatif lui-même, *ne considérant à ce moment la question qu'au point de vue des emprunts*, n'a apporté à la loi proposée qu'une seule modification.

La commission d'examen, frappée des inconvénients qui pouvaient résulter de la qualification de *Bulletin de gage*, proposa d'y substituer le mot *Warrant*, ce qui a donné lieu à la rédaction suivante :

Art. 2. « A chaque Récépissé de marchandises, « est annexé, sous la dénomination de *Warrant*,

« un *Bulletin de gage*, contenant les mêmes men-
« tions que le récépissé. »

La loi fut votée ainsi modifiée.

Cette organisation ne ressemble pas plus à l'entière liberté d'action, qui est la base du Magasinage public en Angleterre, que le *Bulletin de gage* ne ressemble au *Warrant anglais*.

Les dispositions de la loi française présentent même, à cet égard, une confusion des plus regrettables. Au titre principal est conservée la dénomination de *Récé-pissé*, tandis que c'est au titre accessoire, au *Bulletin de gage*, d'un usage accidentel et exceptionnel, qu'est attribuée la qualification de *Warrant*.

Cette disposition n'est certainement pas de nature à faciliter la compréhension.

Une nouvelle période de onze années s'es écoulée depuis la promulgation de la loi du 28 mai 1858.

Pas plus que précédemment, les négociants n'ont voulu ou *osé* mettre en pratique des dispositions aussi susceptibles d'engendrer le discrédit.

Le *Bulletin de gage* est demeuré à peu près non employé, sauf, à l'occasion de spéculations, par quelques grandes maisons de commerce que leur position de fortune met au-dessus du *qu'en dira-t-on*.

Les Banquiers eux-mêmes ont reculé devant les complications qu'engendre l'emploi de deux titres pour la constatation des avances sur marchandises, d'où il est résulté qu'ils ont continué d'exiger que celles-ci fussent régularisées par un acte de nantissement, enregistré.

C'est en présence de cet état de choses que nous sommes encore aujourd'hui.

Cette situation, dont l'exactitude ne sera certainement pas contestée, est aujourd'hui devenue d'autant plus *préjudiciable* que, dans cette seconde période de onze années, se sont produits des faits d'une haute importance en ce qui touche la question.

En première ligne se présentent les perfectionnements apportés à la législation des *Ventes publiques*.

La loi du 28 mai 1858, dans sa seconde partie, relative à cette nature de ventes, est venue réaliser un fait considérable, en supprimant, d'un seul coup, *tous les frais et formalités* qui, jusqu'alors, avaient rendu ce mode de réalisation inapplicable à la vente des marchandises en gros.

Des *Docks*, ou *Magasins généraux*, existent maintenant dans nos principaux ports et centres commerciaux, même fort au delà des besoins.

La connaissance des avantages que procure le *Magasinage en commun* s'est vulgarisée en France pendant ces onze dernières années.

Enfin, il a été fondé deux grands établissements

financiers, dont le titre seul suffit pour indiquer la mission et le but :

« La *Société générale de crédit industriel et* « *commercial* (au capital de 60 millions) ;

« La *Société générale pour favoriser le dévelop-* « *pement du commerce et de l'industrie en France* « (au capital de 120 millions). »

Aucun de ces instruments d'action n'existait avant 1858.

Ces établissements ont même peut-être été fondés trop tôt.

Des années se sont écoulées depuis qu'ils sont à la disposition du commerce. Quels sont les résultats qui en ont été obtenus? Quelle efficace intervention ces établissements de crédit, fondés sur des bases si larges, ont-ils apportés dans les *affaires commerciales proprement dites?*

Loin de moi la pensée de mettre en doute l'utilité de leur fondation; mais un examen attentif des comptes rendus annuels de ces établissements financiers démontre que, sauf l'escompte, en concurrence avec la Banque de France, du papier de commerce *de premier ordre*, ce sont les valeurs de Bourse, sous forme de reports, avances sur titres, ou autres opérations financières *en dehors du commerce*, qui ont surtout servi d'emploi aux capitaux dont ils disposent.

Pourquoi encore?

C'est parce qu'il n'en saurait être autrement, c'est parce que l'instrument qui est le *trait d'union nécessaire* entre ces institutions et le mouvement commercial, le véritable *Warrant,* en un mot, est encore à créer chez nous.

Pour se convaincre que telle est la *réelle,* et, disons-le, *l'unique* cause du mal, il suffit de se renseigner exactement sur la nature de cet instrument, sur sa portée, sur l'efficacité de son intervention en Angleterre, et l'on arrivera à reconnaître à quel point son concours est INDISPENSABLE au bon fonctionnement des autres institutions que nous possédons.

Je ne crois pouvoir mieux faire que de citer, à cet égard, quelques passages d'une étude publiée par M. E. Salvador, en 1858, lors de la fondation des Docks de Marseille, parce qu'il me parait difficile de mieux dire une chose aussi vraie.

Extrait d'un ouvrage intitulé LES DOCKS ANGLAIS ET LE DOCK TALABOT. (Chez Amyot, libraire.)

« A part l'assurance maritime et la lettre de change, il n'y a pas « de contrat plus fécond, plus énergique dans ses effets que le « *Warrant,* ni qui se prête avec plus de souplesse à la rapidité et « à la multiplicité des transactions commerciales.

« Le Warrant, représentant chaque partie de marchandise, dont « il indique le poids et l'état de conservation ou de conditionne- « ment, est, tout à la fois, la représentation de cette marchandise « et le mandat que donne celui auquel elle appartient de la livrer « à un tiers.

« Comme la lettre de change, il est transmissible par voie de
« simple endossement.

« Lorsqu'un tiers veut retirer, en vertu d'un endossement régu-
« lier, la marchandise dont il est devenu propriétaire, il est tenu
« de payer les frais dus au magasinier à partir de la date de créa-
« tion du Warrant.

« Comme rien n'est plus strict ni plus sévère que les déchéances
« irrémédiables qui résultent des transports des Warrants, les Docks
« examinent de très-près, avec le soin le plus scrupuleux, la ré-
« gularité des titres endossés, et ne négligent rien de ce qui peut
« les mettre sur la trace des manœuvres frauduleuses auxquelles ils
« auraient pu donner lieu.

« Il est du reste à remarquer que ces fraudes se révèlent en plus
« petit nombre que celles qui se produisent dans la circulation des
« effets de commerce.

« Les Docks étant responsables de toutes les pertes et avaries
« qui proviennent de la faute de leurs employés, le transfert du
« Warrant s'effectue en toute sécurité. Le montant de la facture se
« règle, non pas à la suite de la livraison réelle des denrées, mais
« à la suite de la délivrance du titre qui les représente ; l'usage,
« pour les ventes de gré à gré, étant de prendre pour base le poids
« constaté lors de l'entrée en magasin.

« Mais là ne se bornent pas les effets du transfert du Warrant.
« En outre, ou plutôt en raison du privilége de propriété qu'il at-
« tribue au tiers-porteur, il peut donner lieu à des avances ou prêts
« sur les marchandises dont il représente la valeur.

« Une maison de commerce a-t-elle des engagements qui dépas-
« sent ses ressources en espèces, elle obtient avec facilité, contre
« le simple dépôt, *avec endos en blanc*, des Warrants qu'elle pos-
« sède, les avances qui lui sont nécessaires.

« Ce sont, d'ordinaire, les courtiers qui servent d'intermédiaires
« pour ces avances, effectuées sous leur responsabilité matérielle ou
« morale, par les banquiers et capitalistes.

« La spécialité de leur profession leur permet d'apprécier, mieux
« que personne, les garanties qu'offre le titre, et de graduer les
« avances qu'ils procurent, suivant la situation du marché, la na-
« ture et la qualité des marchandises, et la solvabilité de l'emprun-
« teur.

« Enfin, la mise en vente de la marchandise affectée à l'emprunt
« est ordinairement attribuée de préférence au courtier par l'en-
« tremise duquel il a été réalisé.

« Il résulte de cette immense facilité ouverte aux emprunts sur
« Warrants, que *l'importateur*, en Angleterre, n'est point réduit,
« comme en France, à proportionner ses opérations aux ressour-
« ces personnelles dont il dispose; qu'il peut les étendre, les faire
« succéder rapidement les unes aux autres, et se livrer, sans
« crainte, aux entreprises les plus vastes, les plus cosmopolites de
« l'univers.

« *Parmi les institutions qui ont porté à un degré inouï de*
« *splendeur et d'universalité le commerce de l'Angleterre, le*
« WARRANT, *avec sa facilité de transfert, est sans doute le plus*
« *fertile en résultats. Facilité de ventes, facilité d'emprunts, im-*
« *pulsion prodigieuse apportée au mouvement commercial; on*
« *peut dire que ce merveilleux et économique instrument joue un*
« *rôle non moins considérable dans les affaires que la Lettre de*
« *change, et qu'il est à la circulation, au transfert, à l'écoulement*
« *de la marchandise, ce que la vapeur est aux transports.* »

Dans ce lucide exposé, un seul point important me
paraît oublié. Ce n'est pas seulement par l'économie
qu'il procure dans les ventes de gré à gré, ou dans les
ventes aux enchères *au comptant*, en évitant les
frais de déplacement de la marchandise, que l'utilité
du Warrant se fait sentir; c'est surtout par les facilités qu'il apporte à la rapide et fructueuse réalisation
des *Ventes publiques à terme*, appelées ventes *au
Prompt*, si largement pratiquées en Angleterre.

Lorsqu'une vente publique doit avoir lieu, le Warrant, représentant la partie de marchandise à vendre, est envoyé au Magasinier, pour être remplacé par un certain nombre d'autres, au nom de la personne qui réclame l'échange. Ce nombre de nouveaux titres est déterminé par la quantité de lots que l'on prépare pour la vente, ce qui donne lieu à une nouvelle constatation de poids et, en même temps, à une prise d'échantillons.

Ces nouveaux titres, appelés *Warrant de vente* (*sale Warrants*), sont accompagnés d'un nombre égal de duplicata, intitulés *Weight-note* (note de poids), sur lesquels sont inscrites les mêmes mentions d'espèce, de qualité et de poids que sur le Warrant de vente.

Dès que la marchandise est adjugée, le *Weight-note*, correspondant au lot vendu, est seul remis à l'acheteur, auquel, moyennant le payement d'un à-compte de 10 à 20 p. 0/0, suivant la nature de la denrée, il est accordé, pour prendre livraison, un délai qui est stipulé sur le Weight-note. Ce délai varie de 30 à 90 jours.

Durant ce laps de temps, l'acheteur est autorisé à faire acte de propriété; il peut revendre la marchandise; mais il ne peut la retirer du magasin avant d'avoir obtenu du vendeur primitif la remise du *Warrant* : autrement dit, avant d'avoir complété le payement, ou remis un règlement satisfaisant.

Dès que le délai stipulé sur le Weight-note est expiré, ce titre est considéré comme nul et le Warrant suffit pour obtenir la livraison.

Facilités pour l'acheteur, sécurité complète pour le vendeur, se trouvent ainsi réunies.

Est-il besoin de faire ressortir le stimulant et l'activité qu'apporte dans les affaires ce mode de réalisation, résultats dus à l'ingénieux mécanisme sur lequel il est fondé ?

Tels sont les avantages et les facilités que l'on eût pu mettre à la disposition du commerce français dès 1848, si la question du Récépissé transférable eût, à cette époque, été mieux appréciée

Pour comprendre à quel point il est regrettable qu'il n'en ait pas été ainsi, il suffit d'examiner les états qui constatent en France, comme en Angleterre, les mouvements du COMMERCE EXTÉRIEUR ; celui qui alimente plus particulièrement les Magasins publics, dans lesquels les marchandises IMPORTÉES presque toutes susceptibles d'être *Warrantées.*, les matières premières, les produits des récoltes annuelles, viennent attendre les besoins successifs de la consommation.

Les états que j'ai sous les yeux indiquent les mouvements de l'année 1867.

ANGLETERRE

En Angleterre, la valeur des *importations* effectuées dans ladite année a été de *six milliards huit cent quatre-vingt-deux millions.*

Si l'on veut, faute d'un document précis, déduire la moitié de ce chiffre, pour représenter la portion de ces importations qui ne séjourne pas dans les magasins publics, soit parce qu'elle est immédiatement livrée à la consommation, soit par toute autre cause, il restera au delà de TROIS MILLIARDS ET DEMI.

C'est cette valeur *de plus de trois milliards,* qui, aussitôt l'entrée en magasin, est, en Angleterre, annuellement susceptible d'être représentée par des Warrants, titres que les négociants mettent en portefeuille, en attendant le moment opportun pour la vente; et qu'ils utilisent, au besoin, comme garantie d'avances, sans plus de préoccupation qu'un négociant français lorsqu'il présente à l'escompte, à la Banque de France ou ailleurs, un bordereau de valeurs de son portefeuille.

Les deux faits peuvent être considérés comme identiques : le Warrant représentant la marchandise à *vendre,* comme le billet de l'acheteur représente la marchandise *vendue.*

Avec cette différence, toutefois, que le billet d'un commerçant n'a pour garantie que la solvabilité du souscripteur, tandis que le Warrant apporte en garantie la marchandise elle-même.

FRANCE

En France, la valeur des *importations* s'est élevée, dans l'année 1867, à *quatre milliards trente millions.*

Quelle est la portion de ces marchandises qui est entrée dans les magasins publics?

La portion à déduire du mouvement général est probablement plus considérable qu'en Angleterre, parce que le magasinage en commun n'est pas encore entré au même degré dans nos habitudes commerciales; mais nos importants produits indigènes, tels que *sucres, grains et farines, métaux, graines oléagineuses, vins et esprits, etc.*, sont à ajouter aux importations, et, peut-être, la réunion de ces deux éléments nous place-t-elle au niveau de l'Angleterre en ce qui peut servir d'alimentation au magasinage public.

Tout au moins, une valeur de DEUX A TROIS MILLIARDS pourrait, en France, être annuellement représentée par des *Warrants*.

Il n'est certainement besoin de rien ajouter à cet énoncé de chiffres pour faire apprécier l'importance de la ressource financière *permanente*, en même temps que l'étendue des facilités et économies dont le commerce français a été, jusqu'aujourd'hui, privé, faute d'existence du *Warrant anglais*, que le *Bulletin de gage* n'est évidemment pas susceptible de remplacer.

N'est-il pas temps de prendre en considération cet ensemble de faits, après vingt et un ans d'essais infructueux?

Nous possédons aujourd'hui tous les éléments nécessaires pour assurer le bon fonctionnement des Warrants dans les mêmes conditions que l'expérience a consacrées ailleurs.

UN SEUL ACTE *reste à accomplir.*

Cet acte est la création d'un titre équivalent au

WARRANT ANGLAIS ; ce qui implique nécessairement la révision de la loi du 28 mai 1858; *dans sa partie relative aux Magasins généraux,* ou son remplacement par une loi nouvelle, laquelle, pour être efficace, a besoin d'être conçue en termes très-simples, et dégagée de toutes complications.

Il faut que le *Récépissé* redevienne ce qu'il aurait toujours dû être, un simple *Reçu descriptif* délivré au déposant et transmissible par endossement.

Que son endossement en blanc suffise pour conférer au porteur tout privilége sur la marchandise et le droit d'en disposer, *sous réserve des conventions intervenues entre les parties.*

Que cet acte soit réalisé, et les conséquences surgiront d'elles-mêmes. Bientôt après, les négociants français n'auront plus rien à envier à leurs voisins et rivaux, sous les rapports de la puissance financière, de la facilité et de la solidité de leurs entreprises, quels qu'en puissent être l'importance, l'éloignement ou la durée.

Tels sont en résumé, Messieurs, les faits sur lesquels il m'a paru du devoir d'un négociant d'appeler vos sérieuses méditations.

Il appartient à la Chambre de commerce de Paris de prendre l'initiative d'une proposition de ce genre.

Si, après examen, elle décide qu'il y a lieu de le faire, la Chambre de commerce se trouvera pleinement d'accord avec les prévisions de l'honorable rapporteur de la loi du 28 mai 1858, M. Ancel, du Havre, dont le rapport se terminait par les réflexions suivantes :

« L'intérêt public n'est presque pas mêlé à cette
« législation. Ce sont des intérêts privés qui ont en
« face d'eux d'autres intérêts privés ; il convient de
« s'en remettre beaucoup à leur vigilance, à leur
« sens pratique, pour aplanir la plupart des diffi-
« cultés qui apparaissent.

« Le fonctionnement des Warrants et les services
« qu'ils ont rendus eussent été bien différents si
« beaucoup de formalités inutiles ne les avaient pas
« entravés.

« La loi actuelle ne sera pas le dernier perfection-
« nement de cette institution chez nous, mais elle est
« un grand progrès (1) qu'il ne faut pas atténuer par
« des prescriptions et par des règles qui en paralyse-
« raient le bienfait. »

J'ai l'honneur d'être, Messieurs, avec la plus parfaite considération, votre très-humble serviteur.

Paris, 31 juillet 1869.

(1) Ceci s'applique, sans aucun doute, à la seconde partie de la loi, relative aux ventes publiques.

QUESTION SPÉCIALE

DU

MAGASINAGE PUBLIC

DEUXIÈME LETTRE

A Monsieur le Président et à Messieurs les Membres de la Chambre
de Commerce de Paris.

MESSIEURS,

Depuis la lettre que j'ai eu l'honneur d'adresser à
la Chambre de commerce, le 31 juillet dernier, pour
réclamer son attention en faveur de l'importante question du Magasinage public, il s'est produit un fait
assez sérieux pour qu'il me paraisse nécessaire
d'ajouter une annexe à ma première lettre, *principalement relative au* WARRANT, et d'aborder le fond
même de la question.

J'ai eu connaissance d'une suite d'articles publiés
par le journal l'*Universel*, dans lesquels, prenant en
main le drapeau du progrès, ce journal expose l'état
actuel des choses en ce qui concerne le Magasinage
public en France et à Paris. Après avoir fait ressortir

dans son numéro du 16 août, *à quel point ce qui existe en France est loin de pouvoir être considéré comme satisfaisant*, l'auteur de ces publications, exprimant l'opinion qu'il serait trop long d'attendre une révision de la loi du 28 mai 1858, émet la proposition de constituer un syndicat parmi les directeurs des Magasins généraux existants, afin qu'ils puissent aviser par eux-mêmes aux moyens d'améliorer la situation.

S'il n'y eût eu que ces publications, je ne me permettrais pas d'en entretenir la Chambre de commerce, considérant d'ailleurs que l'idée en elle-même n'a rien de blâmable, car c'est de l'union que naît la force; mais le même journal annonce, dans son numéro du 17 septembre, que, sur son invitation, une réunion d'un certain nombre de directeurs de Magasins a eu lieu le 14 septembre dans ses bureaux, et qu'elle a eu pour résultat la nomination d'une *Commission d'initiative* à l'effet d'arriver à constituer le syndicat proposé.

Ceci est un fait sérieux; et au point de vue de l'intérêt général, *auquel il importe que cette grave question ne soit pas de nouveau et plus amplement compromise*, il doit être permis d'examiner si cette agitation, provoquée sans nul doute à bonne intention, est de nature à produire un résultat véritablement utile.

Je ne saurais le penser pour ma part, et c'est pour cela que je demande à la Chambre de commerce la permission de lui soumettre les motifs sur lesquels celte opinion est fondée, afin que l'initiative qu'il est si vivement à désirer de lui voir prendre, ne soit pas différée.

Je l'ai dit dans ma première lettre et je le répète sans crainte d'être contredit : l'*Institution du Magasinage public en France a été dès sa création, en 1848, faussée dans sa nature et dans son application.*

Je crois en avoir suffisamment expliqué les causes dans ma première lettre.

Quoi qu'il en fût, la majorité des commerçants fort peu renseignée à cette époque sur ce qui existait ailleurs, se laissa aller à penser que c'était ce que l'on pouvait faire de mieux, que c'était même la seule chose désirable et possible sous l'empire des circonstances amenées par la révolution de 1848, et en présence de la législation d'alors en matière de *ventes publiques* et de *prêts sur nantissement.*

Cette dernière pensée n'était alors que trop fondée.

Un certain nombre de *Magasins généraux* furent dès lors immédiatement fondés, tant à Paris que dans quelques autres localités.

Leur début fut utile, mais on ne fut pas long à s'apercevoir que ces établissements, entièrement basés sur les principes et les règles des *Monts-de-Piété*, n'étaient nullement ce qui pouvait s'accorder avec les besoins du commerce, dans l'état normal et le cours ordinaire des affaires.

De là un temps d'arrêt dans l'empressement momentané du commerce à réclamer le concours de ces établissements.

Ce temps d'arrêt a duré dix années.

La loi du 28 mai 1858 est enfin venue donner à l'ensemble de la question un élan nouveau.

Quel élan !

Est-il besoin de rappeler la triste histoire de la Société des Docks Napoléon, Société constituée au capital de 55 millions pour une entreprise à peine susceptible de rémunérer honnêtement un capital de 8 à 10 millions, à moins de prélever des frais de magasinage fabuleux, ce qui n'eût pas tardé à amener une autre certitude de prompt décès.

Faut-il aussi parler pour mémoire des Docks de la Cordonnerie, des Docks des Marchands de vêtements confectionnés, etc., etc.

L'élan ne fut pas moindre dans les départements. De nombreuses demandes d'autorisation pour fonder, le plus souvent dans des villes secondaires, *des Magasins généraux, avec annexion de Salles pour les ventes publiques en gros,* furent adressées à l'Administration.

Plus de *cinquante* autorisations ont été accordées.

La « *Furia francese?* » a joué son rôle. Était-ce une soif de progrès qui animait le commerce et l'industrie français ? — Peut-être ; — mais il faut en même temps reconnaître qu'elle était accompagnée d'une singulière absence d'étude de la question qui l'avait mise en éveil.

Combien de personnes en France auraient, à cette époque, été en état d'expliquer ce que c'était et ce que signifiaient les mots de *Docks*, de *Warrant*, *Sale-Warrant*, *Weight-note* et ventes *au Prompt*?

La loi de 1858, incomprise par les législateurs eux-mêmes, en ce qui concerne le *Warrant* (on ne doit plus craindre de le dire aujourd'hui), *avait néanmoins réalisé un fait considérable par les facilités qu'elle apportait à l'organisation des ventes publiques en gros.*

N'eût-on pas dû, dès lors, commencer par se rendre exactement compte de ce qui existait chez nos voisins d'outre-mer où, depuis si longtemps, l'organisation de *magasinage en commun* et des *ventes aux enchères* fonctionne dans des conditions que la pratique a perfectionnées autant qu'on puisse l'espérer.

Dès les premières investigations, on eût reconnu *ce fait capital et fondamental:* c'est qu'il n'existe en Angleterre de Docks ou Magasins publics, *émettant des Warrants*, qu'à Londres, à Liverpool et dans l'important port secondaire de Hull, situé sur la mer du Nord.

Cela suffit aux besoins de l'immense commerce de l'Angleterre, et la raison en est facile à comprendre.

Les seules marchandises susceptibles d'entrer naturellement dans les Docks-Entrepôts ou autres

Magasins publics sont les denrées provenant du commerce D'IMPORTATION, *et les produits* NATURELS *du sol.* Les matières premières exotiques, les productions des récoltes annuelles, obligées d'attendre, souvent longtemps, en magasin, les besoins successifs de la consommation.

Ces marchandises sont, en même temps, *les seules* qui puissent être rationnellement représentées par des *Warrants.*

On eût, dès lors, certainement reculé devant les velléités de fonder dans les villes secondaires de France des établissements qui ne peuvent y être que d'une insignifiante utilité, et *peuvent même peut-être, faute de le comprendre à l'avance, y ouvrir la source d'un très-grand danger.*

Quel peut être leur élément de produit, si ce n'est l'emmagasinage et *la représentation par des Warrants* des produits *manufacturés* dans leur localité ?

Cela ne pourrait avoir pour résultat que de faciliter, de surexciter la production manufacturière au delà des besoins de la consommation, et une crise industrielle ne tarderait certainement pas à en être la conséquence funeste.

Quant à ce qui a rapport aux ventes publiques en gros, les faits sont absolument identiques. Leur fonctionnement en Angleterre, appuyé sur leurs ingénieux corollaires, le *Sale-Warrant* et le *Weight-note,* n'existe également qu'à Londres, à Liverpool et à Hull. Elles ne sont d'ailleurs alimentées que par la vente des denrées provenant du commerce d'*importation.*

Les acheteurs envoient leurs ordres sur ces trois places, ou s'y rendent eux-mêmes, aussi bien de l'étranger que de l'intérieur.

Il doit donc être permis de conclure que, alors qu'une longue expérience n'a pas fait sentir à nos pratiques voisins le besoin ou la possibilité d'étendre le cercle de fonctionnement de ces institutions, il y aurait beaucoup de présomption, et fort peu de chance de succès, à vouloir l'innover en France ; d'où l'on arrive à cette conséquence, que les besoins réels et la nécessité d'obtenir un produit rémunérateur, réduiront *forcément* le nombre des magasins publics à ceux *déjà fondés* dans nos grands ports maritimes, savoir : le *Havre, Marseille, Bordeaux, Nantes ;* peut-être *Rouen* et *Dunkerque* et, à coup sûr PARIS, auquel sa constitution toute exceptionnelle de ville manufacturière de premier ordre, en même temps que de centre monstrueusement consommateur, permet de tout entreprendre.

C'est là, et c'est là seulement que pourront fonctionner avec utilité et profit pour tous, le *Warrant,* dès que cet instrument aura été créé dans les conditions voulues, *ainsi que l'organisation des ventes publiques pour les marchandises en gros.*

Quant à Lyon, l'importante spécialité du commerce des soies brutes est certainement une chose très à considérer ; mais je déclare ne pas connaître suffisamment cette question pour me permettre d'en parler.

En présence de cet ensemble de faits, la formation d'un syndicat, nécessairement en partie composé des directeurs des magasins ouverts dans des villes secondaires, *dût-il avoir pour objet de solliciter la révision de la loi du 28 mai 1858*, ne saurait indubitablement avoir l'efficacité d'une demande qui serait formulée par la Chambre de commerce de Paris, *ou, tout au moins, appuyée par elle.*

J'ai l'honneur d'être, Messieurs, avec la plus parfaite considération,

Votre très-humble serviteur.

Paris, 30 septembre 1869.

L'ORGANISATION COMMERCIALE

ET LE

MAGASINAGE PUBLIC

En France et en Angleterre

EXAMEN COMPARATIF

Extrait du journal **LA PATRIE**. *(N° du 9 novembre 1869.)*

Il nous a été donné de prendre connaissance d'un travail qui va être incessamment publié sous le titre ci-dessus, et qui nous a paru être le résultat d'une étude sérieuse, pleine d'intérêt. Nous eussions voulu publier ce travail en entier, mais il forme un petit volume et dépasserait les limites d'un journal. C'est pourquoi nous avons prié l'auteur — un Négociant qui veut garder l'anonyme, désirant, dit-il, appeler l'attention sur la question seulement — d'en faire *un résumé*, qu'il a promis de nous envoyer sous forme de lettres. — Nous publions aujourd'hui la première.

3

LETTRES

ADRESSÉES

A Monsieur le Rédacteur en chef du Journal LA PATRIE

Et publiées sous forme de Résumé

DANS LES NUMÉROS DES 9, 12 ET 13 NOVEMBRE 1869.

MONSIEUR,

Vous avez bien voulu mettre à ma disposition votre estimable journal pour publier une étude sur la question du *Magasinage public* qui, aujourd'hui encore, me semble *étonnamment* peu comprise en France et s'y trouve dans un dégré d'infériorité *infiniment regrettable*, lorsque l'on compare ce qui existe chez nous avec les institutions analogues qui fonctionnent depuis plus d'un demi-siècle en Angleterre.

Un pur sentiment d'intérêt public sera une excuse suffisante pour permettre à un vieux négociant d'offrir à ses concitoyens, le résultat de ses réflexions sur ce sujet pendant une carrière laborieusement parcourue, et lui vaudra au moins, je l'espère, une bienveillante attention.

Il m'avait d'abord semblé suffisant que l'examen de cette importante question fût soumis à l'appréciation de la *Chambre de commerce de Paris;* mais ses délibérations sont forcément lentes, et d'ailleurs, porter en même temps cette question devant le tribunal de l'opinion publique ne peut que bien faire. L'impression qui sera produite ne peut contribuer qu'à éclairer, à faciliter les délibérations de la Chambre de commerce elle-même. Peut-être même pourra-t-elle avoir pour résultat de diminuer le besoin que la Chambre eût sans doute éprouvé, de nommer une commission d'examen avant d'arrêter une résolution. Les rapports des commissions se font souvent attendre : ce qui pourrait retarder une solution dont le besoin semble aujourd'hui plus urgent que jamais, en présence de l'agitation qui se manifeste dans nos districts manufacturiers ; agitation dont chaque jour la presse rend un compte de plus en plus inquiétant.

Je suis, pour ma part, profondément convaincu que la cause *principale* du mal est dans l'insuffisance de notre *Organisation commerciale.*

Je suis convaincu, autant qu'homme puisse l'être, que si, à l'époque où le principe du LIBRE-ÉCHANGE a triomphé en France, *époque qui remonte déjà à dix* années, l'on eût introduit en même temps les simples et puissants moyens que possède l'Angleterre pour en tirer parti, les résultats eussent été *complétement dif-férents*.

C'est cette thèse que je viens entreprendre de soutenir.

Je m'empresse d'abord de déclarer qu'aucun reproche à cet égard ne me paraît pouvoir être adressé à l'administration publique, car elle a évidemment fait, en vue du but susénoncé, ce qui était en sa puissance à ladite époque.

Dès avant la consécration du *Libre-échange, au mois d'avril 1858,* un projet de loi a été présenté par l'Administration au Corps législatif.

Ce projet de loi, divisé en deux parties, avait pour objet :

1° La réglementation des *Magasins généraux;*

2° La réforme de la législation en matière de *Ventes aux enchères des marchandises en gros.*

Voté avec empressement par les Chambres, ce projet ne laissait rien à désirer en ce qui concernait les *Ventes publiques* qu'il exonérait d'un seul coup de *treize* formalités antérieurement exigées (1), en même temps qu'il les allégeait de tous droits envers le fisc.

---

(1) Formalités antérieurement exigées :

1° Déclaration de vente signée par le négociant ;

2° Enregistrement de la déclaration ;

Malheureusement une fatale, *bien fatale* erreur fut alors commise et passa inaperçue, pour mieux dire *incomprise*.

Avec l'intention, non douteuse, de perfectionner l'institution du *Magasinage public,* on a cru devoir maintenir le principe qui avait servi de base à la fondation de cette institution en 1848.

Or, je le répète, ce n'étaient nullement des *Magasins publics* à l'instar de ceux d'Angleterre que le gouvernement provisoire avait eu l'intention d'établir en mars 1848, mais *uniquement* des établissements destinés à faciliter les *Prêts sur gage,* de véritables *Monts-de-Piété,* destinés à venir en aide aux urgents besoins du moment; aussi furent-ils *réglementés* en conséquence.

Le projet de loi présenté en 1858 n'eut d'autre objet que de supprimer quelques formalités, reconnues non-seulement *inutiles,* mais *nuisibles.*

3° Dépôt au tribunal;

4° Délivrance de l'expédition, à joindre à la requête;

5° Requête au tribunal de commerce;

6° Jugement du tribunal de commerce;

7° Enregistrement du jugement;

8° Insertion dans deux journaux;

9° Procès-verbal d'apposition d'affiches;

10° Affiches timbrées;

11° Procès-verbal de la vente;

12° Enregistrement dudit procès-verbal;

13° Dépôt du procès de la vente au tribunal de commerce.

Indépendamment de la perte de temps qu'occasionnaient toutes ces démarches, le total des frais ne s'élevaient pas à moins de 2 0/0.

Le malheur voulut que la pensée n'allât pas plus loin.

La *nature* de l'institution fut maintenue. Sous le même titre trompeur de *Magasins généraux*, on ne mit, par continuation à la disposition du commerce que des établissements de *Prêts* sur gages.

Il serait superflu de répéter ici ce que j'ai écrit à ce sujet, dans ma première lettre à la Chambre de commerce. Je n'en parle de nouveau que pour *affirmer* que de là sont surtout découlées les fatales conséquences sous le poids desquelles ont gémi depuis lors, et semblent presque fléchir aujourd'hui, le commerce et l'industrie manufacturière française, depuis que l'introduction du libre-échange est venue changer les conditions de leur existence antérieure.

C'est la démonstration de ce fait si grave que je viens hardiment entreprendre de soumettre à l'appréciation de mon pays.

Pour être compris, il me paraît *indispensable* d'établir tout d'abord un parallèle entre ce qui existe en France et en Angleterre en ce qui concerne l'**organisation commerciale,** dont le *Magasinage public* est, je le dis encore, la base principale.

La pensée d'entreprendre cette tâche m'a effrayé au premier moment, car, si je voulais entrer dans un examen détaillé des éléments et des conséquences de l'organisation, commerciale anglaise, il y aurait matière à un volume.

L'idée m'est venue que je pourrais peut-être suppléer au besoin d'un volume, en donnant à ma pensée une forme matérielle qui la rendra plus compréhensible et plus facile à saisir.

En la circonscrivant dans un cadre étroit, je pourrai, d'ailleurs, d'autant mieux éviter la prolixité.

C'est donc ce que je vais entreprendre.

Dans mon appréciation, *l'ensemble de l'organisation commerciale en Angleterre* peut être assez exactement représenté sous la forme d'un *Char* (j'écarte le mot wagon) reposant sur quatre roues, ayant pour locomotive *le stimulant de l'intérêt privé*, et pour force motrice *la puissance financière*.

Les quatre roues sont :

Les Docks ou autres Magasins publics.
Les Warrants et leurs corollaires.
Les Ventes aux enchères publiques.
Les Courtiers (Brokers).

Tout ce qui existe dans la pratique n'est qu'une intelligente application de ces quatre instruments d'action.

En France, nous possédons la Locomotive, *le stimulant de l'intérêt privé*, à un degré de qualité très-supérieur.

Tout le reste nous fait défaut encore aujourd'hui, LES QUATRE ROUES NOUS MANQUENT, *ou ce que nous en avons est hors d'état de fonctionner.*

Rien ne me paraît plus facile à démontrer..

Sous le titre trompeur de *Magasins généraux,* nous n'avons que des *Monts-de-Piété.*

Je crois l'avoir suffisamment démontré dans ce qui précède.

Sous la dénomination de *Warrant,* nous n'avons que la *parodie,* le travestissement de ce titre sous le nom de *Bulletin de gage.*

Les *Ventes publiques,* nous croyons les avoir. Nous les avons, *en principe,* depuis la loi du 28 mai 1858, autrement dit, nous en avons *les bases,* je le reconnais ; mais elles ne pourront devenir fructueuses et véritablement *pratiques* qu'à partir du moment où elles auront, comme ailleurs, deux *indispensables* corollaires, appelés *sale-warrant* et *weigt-note* en Angleterre : complément *indispensable* ainsi que je crois l'avoir démontré dans mes lettres à la Chambre de commerce.

En France, il serait facile et naturel de donner à ces instruments des noms français ; *mais en se gardant bien de rien changer à leur nature et à leur fonctionnement, l'une et l'autre aussi énergiques que simples.*

Quant au quatrième support, les *Courtiers,* il n'existe plus en France, en tant que corps constitué. Ce rouage a été détruit à une époque où on a cru devoir le supprimer comme inutile, ce qui, alors, a pu être considéré comme exact. Des besoins nouveaux, un ordre de choses différent, pourraient faire revenir sur cette mesure, sans de grandes difficultés. Je le crois, du moins.

Cela est, à mes yeux, tellement nécessaire, que c'est dans ce quatrième support que réside une autre puissance, non moins *indispensable* que le reste. Celle-ci se présente à ma pensée, comme L'HUILE sans laquelle les efforts de la locomotive pour entrainer le char pourraient longtemps encore, peut-être, demeurer infructueux, sinon impuissants.

Je ne puis, à l'égard de ce point spécial, donner ici des explications, parce que ce point, *si essentiel dans la question*, doit, avant tout, être présenté à l'examen et à l'étude des autorités compétentes, auxquelles je me propose d'avoir moi-même, s'il y a lieu, l'honneur de le soumettre.

Enfin, c'est dans l'énergique, souple et multiple instrument appelé *Warrant* EN ANGLETERRE, que réside le *fait*, j'allais dire le *mystère* de la *Puissance finan-cière*.

Ai-je eu tort de dire, dans ma dernière lettre à la Chambre de commerce, qu'en France, nous en sommes encore aujourd'hui à soupçonner à peine les véritables éléments d'une véritable, d'une pro-ductive *organisation commerciale ?*

Je reviens au style figuré qui précède pour ajouter que, dès le lendemain du jour où le *Char* se trouverait placé *avec ses quatre supports au complet*, sur les *Rails*, représentés à leur tour par *la Liberté des échanges entre les nations*, il y a lieu de croire que la locomotive française, *le stimulant de l'intérêt privé*, l'entraînerait avec une vitesse telle, que le seul besoin auquel il resterait à satisfaire, serait l'adjonction d'un *Frein modérateur*.

Je ne puis, dans cette lettre, déjà bien longue, entrer dans le développement d'autres points de la question, tels que :

Le mode pratique d'utilisation.

Les conséquences qui, suivant toute probabilité, en résulteraient pour l'avenir industriel et commercial, et le mouvement maritime de la France. *Est-il besoin d'ajouter son accroissement de richesse et d'influence.*

Les économies de temps et d'argent qui se trouveraient immédiatement réalisées, etc.

Si ce premier exposé, lequel n'est, à bien dire, qu'une entrée en matière, paraît le faire désirer, je puis, Monsieur le Rédacteur, entreprendre d'élucider la question tout entière, dans une suite de lettres. Chacun des points qui constituent l'ensemble pouvant, et demandant même, à être traité séparément, afin d'en mieux faciliter la compréhension.

Agréez, etc.

II

Ma première lettre en présageait une suite d'autres, les conséquences qui résultent d'une bonne entente du MAGASINAGE PUBLIC m'ayant paru avoir besoin d'être présentées séparément pour en mieux faciliter la compréhension.

J'ai dit que je commencerais par l'exposé des moyens pratiques en usage, en Angleterre, pour l'utilisation des *Docks*, des *Warrants*, des *Ventes publiques*, etc., usages et moyens d'action que nous ne possédons pas en France, tout au moins dans des conditions véritablement efficaces : ce que j'ai présenté comme l'une des grandes causes, *sinon la déterminante cause* de notre infériorité comparative.

On en jugera :

Il me paraît superflu, autant qu'il serait difficile, d'entreprendre, dans une simple lettre, l'exposé de l'organisation et de l'administration des Docks. Cette partie de la question est d'ailleurs bien connue aujourd'hui en France, étudiée qu'elle a été lors de la création des importantes sociétés qui ont fondé les Docks de Marseille et du Havre.

J'ai cité, dans ma première lettre à la Chambre de commerce de Paris, quelques passages spécialement relatifs aux *Warrants*, d'une étude générale publiée en 1858 par M. E. Salvador.

Je me bornerai donc à ajouter, comme chose essentielle, à bien faire comprendre que les marchandises, aussitôt leur entrée en magasin, et leur représentation par un ou plusieurs *Warrants*, s'y trouvent abritées sous la *responsabilité* du magasinier pour tout ce qui concerne leur conservation et leur entretien en bon état, sans que celui par lequel la marchandise a été déposée ait autrement à intervenir. Ceci, en exécution de ce principe *fondamental*, que toute partie de marchandise, une fois WARRANTÉE, *n'appartient plus qu'au porteur du Warrant.*

Le Warrant, de son côté, représente la marchandise, exactement comme le billet de banque représente la somme qu'il indique : soit les monnaies ou les lingots déposés en échange dans les caves de la Banque.

La compréhension de ce point fondamental facilitera beaucoup la compréhension des conséquences qui en découlent.

Il est, en toute réalité, la base principale de

l'*organisation commerciale*, ainsi que je vais maintenant entreprendre de le démontrer.

Tous les négociants ou touristes attentifs qui ont visité Londres ne peuvent manquer d'avoir remarqué que c'est dans la ruche laborieuse appelée LA CITÉ que se trouve concentré le mouvement du grand commerce.

Que les négociants y sont eux-mêmes groupés dans les rues qui avoisinent la Bourse et la Banque, où ils occupent de petites *alvéoles* qu'en France on oserait à peine qualifier du nom de bureaux.

Que les maisons de commerce les plus importantes n'ont qu'un fort petit nombre d'employés comparativement à l'étendue de leurs affaires.

Enfin, que sur les points les plus rapprochés de la Bourse et de la Banque, se trouvent les beaucoup plus vastes bureaux des Banquiers, appelés *Caissiers*, dans lesquels s'agite, au contraire, une armée d'employés.

C'est que les négociants anglais n'ont généralement chez eux ni caisse ni portefeuille à administrer, non plus qu'à défendre contre l'incendie ou le vol — dirai-je aussi à préserver contre les infidélités de caissiers, ou autres !

Toutes, ou presque toutes les maisons de commerce ont l'habitude de remettre à *un Compte de dépôt*, chez leur caissier-banquier attitré, à mesure qu'il les reçoivent, toutes les valeurs qui leur rentrent, soit en règlement de marchandises vendues, soit par suite de

placements en fonds publics, ou autres valeurs ;
ainsi que les Warrants représentant les marchandises qu'ils possèdent dans les entrepôts des
Docks, ou autres Magasins publics.

Par contre, toutes les maisons de commerce, sans
exception cette fois, indiquent payables chez leur caissier la totalité des engagements qu'ils contractent :
ce qui donne lieu à l'ouverture d'un *Compte courant*,
au crédit duquel figure, toujours avant l'échéance des
payements à effectuer, soit des versements en espèces,
soit le produit des valeurs réalisées à la Bourse, ou de
papier de commerce escompté par la Banque, et le plus
souvent pris à l'escompte, par le caissier lui-même.

De cet usage immémorial découlent de multiples
avantages dont le premier est que :

*Les Caissiers, largement mis à couvert de tous
risques par les dépôts faits chez eux, sont entièrement et sans réserve au service de leurs clients.*

Non pas les yeux fermés, comme on serait tenté de
le croire, bien loin de là ; mais sans autre préoccupation que celle d'avoir l'œil constamment ouvert sur
les mouvements comparatif du *Compte de dépôts* et
du *Compte courant*.

Chaque jour cet examen est fait avec autant de
rapidité que de soin, grâce à l'ordre aussi simple
qu'efficace avec lequel les comptes sont tenus.

Un simple relevé du solde des deux comptes, sur

deux colonnes en regard, suffit pour l'accomplissement de ce travail.

Si l'équilibre du *Compte courant* laisse à désirer,
un avis immédiatement envoyé au titulaire du compte
suffit pour que celui-ci s'empresse d'y mettre
ordre.

C'est à cet intelligent mécanisme qu'est dû un fait
qui, bien souvent, a été, à Londres et à Liverpool,
un objet de surprise pour les négociants français.

Habitués aux formes méticuleuses des grands établissements financiers français, où quinze à trente
minutes sont *perdues* à attendre, avant qu'un payement s'effectue, que les formalités de vérification, de
contrôle et d'écritures soient accomplies; ils ne pouvaient comprendre la manière si différente dont les
choses se passent chez les Caissiers anglais.

Lorsqu'on entre dans les immenses bureaux de
ceux-ci, le regard se porte, tout d'abord, vers un long
comptoir derrière lequel se tiennent, debout, des employés, en nombre plus ou moins considérable (jusqu'à 12 ou 15 chez les principaux caissiers), ayant
au-dessus d'eux des pancartes sur lesquelles figurent
des majuscules alphabétiques.

Les employés sont les préposés aux payements et
aux recettes.

Les majuscules indiquent auquel d'entre eux on
doit s'adresser, après avoir examiné quelle est la

première lettre correspondante du nom dont est signé le *Chèque* que l'on vient encaisser.

Sur la simple présentation du Chèque, accueillie par cette invariable demande « *Will you have gold or notes ?* » — Voulez-vous de l'or ou des billets? *Sans aucunes autres formalités*, le payement est immédiatement effectué.

L'explication de ce fait, bien simple quand on en connaît la cause, m'a semblé pouvoir être utile pour ceux qu'il a pu et dû étonner.

Je viens d'écrire le mot « *Chèque.* » C'est l'équivalant de ce que nous appelons « Mandat sur la Banque, » à Paris et dans les villes où celle-ci a établi des succursales. L'un et l'autre sont un reçu tout préparé, sur lequel il ne reste à écrire que *la somme à payer, la date et la signature*. Pour éviter qu'il soit fait de ce reçu un usage abusif, il se détache d'un petit livre ou cahier à talon, que chaque caissier fournit à ses clients, ainsi que le fait la Banque de France. Le talon est de plus disposé de manière à ce que le client puisse y inscrire, comme memorandum, l'emploi du chèque; soit, la date, la somme, et le nom de celui auquel il l'a remis.

Par surcroît de précaution, lorsqu'un Chèque n'est pas destiné à être payé en espèces, mais doit seulement servir à transporter une somme du compte d'un *Client* à celui d'un autre *Client*, une simple barre verticale, tracée sur le Chèque par le signataire, suffit, en Angleterre, pour indiquer qu'il ne saurait être employé à aucun autre usage.

Nous avons également en France un équivalent sous le nom de « Mandat de virement; » j'ajoute que ce dernier pourrait même paraître préférable, en ce que, imprimé sur un papier dont la couleur est différente de celle du mandat payable en espèces, la spécialité de son emploi est mieux indiquée que par une simple barre transversale. Cette dernière méthode a néanmoins pour elle cet avantage, qu'elle évite d'avoir à délivrer à chaque client deux cahiers de chèques distincts. C'est encore une simplification préférée en Angleterre, ou tous les mouvements du commerce ont pour cachet la simplicité et l'écartement de tout ce qui peut éviter une perte de temps.

C'est avec intention que, à l'occasion du « Chèque », j'ai souligné le mot « Clients ». C'est qu'en Angleterre, dans toutes les villes ou il existe des Caissiers (banquiers), et le nombre en est considérable, ce ne sont pas seulement les négociants qui se font ouvrir un compte de caisse pour le service de leurs recettes ou versements, et des payements à faire pour eux; les simples commerçants, voire même *presque tous les simples particuliers notables*, se font ouvrir un compte courant, uniquement pour profiter de la sécurité qu'ils trouvent à y verser les espèces qu'ils ne pourraient conserver chez eux avec autant de tranquillité, en même temps que pour profiter de l'extrême commodité qu'offre l'usage des Chèques.

Cet usage tend, depuis quelques années, à s'introduire en France, principalement à Paris, grâce aux efforts et à la propagande qu'a faits la *Société générale de crédit industriel et commercial*. Il ne paraît pas douteux qu'il devra s'étendre, comme le font toutes les choses véritablement utiles, ou simplement commodes.

La *Société générale pour favoriser le développement du commerce et de l'industrie en France,* offre également au public de toutes professions ou conditions, ces mêmes avantages et facilités.

Il en est de même de la puissante Société fondée (en 1863), au capital de 60 millions, sous le titre de *Société de dépôts et de comptes courants,* que, dans ma première lettre à la Chambre de commerce, j'ai eu le tort de ne pas mentionner lorsque j'ai cité les deux autres grands établissements financiers qui, depuis quelques années seulement, sont venus, en concurrence, se mettre à la disposition du commerce, de l'industrie et des simples particuliers.

Je m'empresse d'autant plus de réparer cette omission qu'une lecture des statuts de la *Société de dépôts et de comptes courants* suffit pour indiquer que l'intention des fondateurs a été de créer une véritable Caisse publique à l'anglaise, un *Caissier* anglais.

Cet établissement, comme les deux autres du reste, est basé sur des statuts fondés sur les principes de *restrictions d'affaires,* de *spécialité,* autrement dit de *prudence;* desquels ne dévient jamais les Caissiers anglais ; ce qui explique et justifie la confiance générale qui leur est accordée.

Mais ce n'est pas tout encore.

L'ensemble de l'organisation que nous avons entrepris d'expliquer est lui-même l'explication du fait suivant, qui se comprend facilement, quand on en connaît les causes, mais qui ne laisse pas que d'intriguer ceux qui ne les connaissent pas, ou ne s'en rendent pas compte.

A Londres, les chefs de maison n'arrivent guère à leur petit bureau avant dix, ou même onze heures du matin. Passé quatre ou, au plus tard, cinq heures de l'après-midi, il est rare de les y trouver encore. Dans l'intervalle se placent régulièrement le *Lunch* (second déjeûner) et la lecture des journaux.

Et pourtant, que d'affaires, que d'immenses affaires ces chefs de maison trouvent le temps de traiter pendant ce petit nombre d'heures, sans que rien en paraisse.

Il n'y a dans ce fait rien d'étonnant, si ce n'est la cause.

Les négociants anglais, dans leur simplicité pratique, ont trouvé le moyen de se décharger de toute espèce de détails.

1° Le débarquement, la mise en état, l'emmagasinement, la conservation de leurs marchandises, *cela regarde le magasinier qui en est détenteur et responsable*. Si le négociant intervenait, il ne ferait qu'alléger la responsabilité des magasiniers, aussi se garde-t-il bien d'intervenir.

2° Le service des encaissements et des payements

n'est non plus, comme nous venons de le voir, l'objet d'aucune préoccupation pour le négociant. *Ces détails regardent les Caissiers*, soit leurs employés.

3° Lorsqu'arrive le moment opportun pour mettre en vente les marchandises qu'il possède, que fait encore le négociant?

Il donne à *l'un des agents spéciaux chargés de l'organisation des ventes publiques* (Brokers), l'ordre d'avoir à faire le nécessaire pour préparer la vente aux enchères de telle partie de marchandise désignée.

Cet ordre, une fois donné, *le négociant n'a plus à s'en occuper,* si ce n'est pour en surveiller, ou en faire surveiller, par ses employés, la prompte et bonne exécution.

La division, par lots, de la marchandise; l'échantillonnage; la préparation du catalogue de vente; les affiches pour la publicité; enfin, la réalisation de la vente elle-même, tout cela regarde, en partie le magasinier, en partie l'agent spécialement chargé d'organiser et de réaliser la vente, lequel opère avec le concours de ses propres employés.

Ce n'est pas encore tout; la vente réalisée, c'est encore à l'agent spécial qu'incombe le soin d'en faire rentrer le produit, qu'il verse ou fait verser à mesure de sa rentrée chez le caissier du négociant.

De tout cet ensemble de faits ainsi organisés résulte cette conséquence que la véritable, ou pour mieux dire, la seule occupation ou préoccupation du négociant an-

glais est de se rendre compte, avec toute la perspicacité
que sa liberté d'esprit lui permet d'y consacrer, des mouvements commerciaux, atmosphériques, politiques ou
autres, qui pourraient influer sur le cours des marchandises, afin de choisir le moment le plus propice,
soit pour faire acheter ses approvisionnements sur les
marchés de production des divers points du globe,
soit pour réaliser des ventes à l'intérieur, soit encore
pour réexporter à l'étranger, notamment vers les entrepôts de l'Europe centrale, ce que lui paraissent réclamer les besoins de chaque contrée.

Ce travail se résume dans l'étude des cours des
marchandises sur les divers marchés, et dans un sa-
vant et important échange de lettres avec ses corres-
pondants du dehors, ou de l'intérieur du royaume.

*Que l'on compare ce tableau avec celui de l'in-
térieur d'une maison de commerce française.*

Que l'on compare et que l'on suppute la différence
de travail, de temps et de frais, qu'exige des deux
côtés l'accomplissement de faits identiques.

Il est regrettable de le dire, l'avantage n'est certes
pas du côté de la France.

Heureusement, et c'est avec empressement que je
l'ajoute, une propension à adopter les us et coutumes
anglais, *en ce qui concerne les usages commerciaux*, se manifeste de plus en plus, surtout depuis
l'établissement des trois grandes sociétés de crédit.

*La pleine liberté accordée aux ventes publiques,
depuis 1858*, est un autre et bien essentiel point de

rapprochement. L'on sent assez généralement, qu'il y a un grand parti à tirer de ces institutions nouvelles ; mais on sent aussi qu'il y a encore quelque chose qui entrave et qui manque.

Ce qui entrave, *ce n'est pas autre chose que la loi du 28 mai 1858*, autrement dit *le cercle de formalités aussi gênantes que nuisibles dont elle a entravé l'usage, le parti à tirer des* MAGASINS PUBLICS.

Ce qui manque, *c'est le véritable* WARRANT qui est, je l'ai dit et je le répète, le trait d'union *indispensable* qui, en Angleterre, relie toutes les autres institutions entre elles.

Dans une lettre suivante, Monsieur le Rédacteur, j'aborderai les conséquences de ce que je viens d'exposer dans celle-ci.

Agréez, etc.

III

Monsieur,

Dans mes lettres précédentes, j'ai cherché à mettre en lumière les divers points qui constituent les bases de l'organisation commerciale en Angleterre.

Trois points principaux, soit, les *Docks*, les *Warrants*, les *Ventes publiques*, se trouvant élucidés, autant qu'il m'a été possible de le faire, nous pouvons maintenant examiner quelles sont les conséquences possibles, pour ne pas dire probables, qui résulteraient pour la France, *au point de vue de son commerce extérieur et de son mouvement maritime,* de perfectionnements qui seraient apportés dans son organisation commerciale actuelle.

L'on a dit souvent, même dans le sein du Corps législatif, lors de la discussion de la loi du 28 mai 1858 (séance du 30 avril) : « La suprématie commerciale de l'Angleterre tient *à la plus grande étendue de ses possessions coloniales; à la dimension et au nombre de navires qui y sont employés au service du commerce; puis, à des usages et coutumes sé-*

culaires qu'il pourrait être périlleux d'essayer chez nous. »

D'autres ajoutent que la race anglo-saxonne est plus *positive*, plus *sérieuse*, plus *commerçante* que la nôtre, plus *hardie*, plus *persévérante* dans ses entreprises ; enfin que la nation anglaise, en particulier, nous domine sous le rapport de la *puissance financière*.

Cette manière de voir ne serait-elle pas un reste de ces préjugés obscurs et enracinés qui persistent longtemps avant que la lumière les dissipe en les éclairant?

Recherchons donc jusqu'à quel point elle peut être fondée.

« *La plus grande étendue de ses possessions coloniales, le nombre et les dimensions de ses navires marchands.* » Nous reviendrons tout à l'heure sur ces deux points.

Examinons d'abord ce qui a rapport à la race anglo-saxonne.

Elle est, dit-on plus *positive*.

En fait de *positivisme*, ce n'est certes pas en matière de sollicitude pour ses intérêts, de désir de s'enrichir, que la race gauloise, autrement dit latine, est inférieure à l'autre.

La race anglo-saxonne est plus *sérieuse*. — Peut-être—et surtout moins chevaleresque ; mais chacun a les

qualités de ses défauts. La froideur, quelquefois impé-
rieuse et même dominatrice, de la race anglo-saxonne,
fait-elle donc qu'elle soit tant aimée, ou, si l'on veut,
considérée, sur les points éloignés du globe où elle
exerce son influence, pour ne pas dire son joug, qu'on
la préfère à l'aménité, au liant, à la généreuse équité
du caractère français, et cela au point que nous ne
puissions fructueusement lui faire concurrence?

Que l'on se renseigne à cet égard.

Plus *commerçante,* plus *hardie,* plus *persévérante,*
dans ses entreprises ?

Ceci est une toute autre question qui demande à être
examinée à fond et très-sérieusement, pour savoir où
est la limite du vrai, où est le motif, *car il n'y a pas
d'effet sans cause.*

Que la nation anglaise *paraisse* plus commerçante
que la nôtre, parce que, en fait, son commerce est plus
étendu, il n'y a pas à le contester; mais est-elle, *en
réalité,* d'un esprit *plus commerçant ? — « That is
the question. »*

Entrée avant nous dans la carrière du commerce
extérieur, que les longues guerres du premier empire
lui ont longtemps permis d'exploiter à son profit, presque sans concurrence, elle a établi ses relations avant
que nous puissions établir les nôtres, pris possession
des points les plus avantageux, créé des succursales
qui en font, pour ainsi dire, son domaine. Cela est
aussi grave que vrai. Qu'importe? Acceptons le fait
accompli; il n'y a pas à y revenir, mais il y a place au

soleil pour tout le monde, dans l'un et l'autre hémisphère.

Le LIBRE ÉCHANGE, autrement dit la liberté du commerce, *volontairement* et *réciproquement* consenti
entre les principales nations européennes, n'est-il pas
venu ouvrir un champ vaste et libre à une franche et
loyale concurrence ? Il importe seulement aujourd'hui,
il faut avant tout, l'attaquer à armes égales pour
être en état de la soutenir.

Or, en devenant de plus en plus commerçante, la nation anglaise est devenue de plus en plus habile, il n'y a
pas à le contester. Pendant longtemps, elle nous a
distancé dans les moyens d'action. Elle commence déjà
à perdre du terrain, néanmoins ce qui précède n'a pas
pour but de dénier la supériorité actuelle de nos
voisins et rivaux, de méconnaître un fait aussi incon-
testé qu'il est incontestable. Le sentiment qui m'ins-
pire a pour seul et unique mobile le désir d'appeler
l'attention sur la *nécessité* de modifier cet état de
choses, en l'améliorant de plus en plus.

N'est-ce pas un besoin, devenu de première nécessité, si nous ne voulons être exposés à succomber
dans la lutte de concurrence ouverte aujourd'hui entre
les nations ?

Combien, en effet, serait différente la perspective
de l'avenir, le jour où nos négociants et armateurs,
devenus *possesseurs des mêmes moyens d'action
que leurs rivaux,* pourraient lutter sur un terrain
d'égalité ?

Ce jour-là, seulement, la lutte sera soutenable; ce jour-là aussi, la prétendue *hardiesse*, l'apparente *persévérance* plus grande, pourront bien à leur tour passer au rang des vieux préjugés.

Est-il surprenant que la *hardiesse* manque à l'enfant lorsqu'il est encore entouré de ses langes?

Quant à la *persévérance*, dans la question qui nous occupe, elle est une autre qualité qui demande simplement à être proportionnée à la durée des entreprises commerciales. Est-il surprenant que cette *persévérance* semble ne pas exister, là où font défaut les éléments nécessaires pour la soutenir, que dis-je, pour lui permettre même d'exister?

Enfin, ces *usages séculaires* qui vous effrayent, pourquoi donc serait-il si périlleux, non seulement d'essayer, mais de les adopter chez nous comme de bons exemples, basés sur une expérience longuement acquise et tous les jours justifiés par elle? Nous reviendrons plus loin sur ces deux points.

Disons un mot d'abord de la *puissance financière :* un seul devra suffire. *Il n'y a aucune exagération a dire qu'elle réside* TOUT ENTIÈRE *dans l'instrument qui engendre facilité et sécurité pour tous,* DANS LE WARRANT.

Grâce au concours de ce puissant, souple et énergique instrument, entouré des institutions dont il est *l'âme*, nos voisins ont pu et su nous distancer dans la carrière, et étendre les premiers leur active influence au delà des mers ; n'est-il pas permis de penser, que nos négociants et nos armateurs ne fussent pas restés en arrière, s'ils eussent été munis des mêmes moyens d'action ?

Cela dit, passons à l'examen de la préoccupation basée sur le fait de la suprématie due à *une plus grande étendue de possessions coloniales, aux plus grandes dimensions et au plus grand nombre de navires employés en Angleterre, à servir les besoins du commerce.*

Ceci n'est certes pas un préjugé, mais ce pourrait bien être encore une erreur, sous le rapport des conclusions que l'on en tire.

La concurrence ouverte par le LIBRE ÉCHANGE *n'a-t-elle donc pas ouvert l'arène à toutes les nations ?*

Les possessions coloniales que possède chacune d'elles, quelle qu'en soit l'étendue, ne sont plus, en fait, maintenant, qu'un champ d'exploitation commun. L'habileté, l'activité, le travail et l'intelligence en sont aujourd'hui les seules limites.

Quelles sont, en ce qui concerne particulièrement l'Angleterre, les plus grandes, les plus importantes de ses possessions coloniales ?

Après l'Inde, c'est l'Australie, si je ne me trompe.

Commençons par celle-ci :

Quels sont les produits qu'elle expédie en Angleterre ? Principalement des laines et de l'or.

Eh bien, que l'on consulte les plus grands négo-

ciants de Marseille, du Havre, de Rouen, de Nantes.
Qu'on leur demande pourquoi ils n'importent pas eux-
mêmes, directement, la quantité de laines nécessaire
aux besoins de la France, et même du continent européen.

Ils répondront qu'ils ne demandent pas mieux que
de le faire, qu'ils l'ont tenté à plusieurs reprises, mais
que la longueur de l'opération, la difficulté de la soutenir
assez longtemps pour la conduire à bonne fin, les ont,
à chaque fois, forcés d'y renoncer.

Que l'on appelle le *Warrant* à prendre cette difficulté sur ses robustes et larges épaules; non-seulement elle lui sera légère, mais il trouvera aussitôt le
moyen d'en faire surgir un avantage précieux pour la
finance, à laquelle, avec pleine convenance réciproque, il offrira l'occasion d'un bon placement, d'autant meilleur, qu'il pourra être fait à long terme en
toute sécurité.

Quant à l'or, au point de vue de la question, il n'est
pas une chimère. Il est une marchandise, comme
toute autre. Dans l'espèce, il sert à équilibrer la ba-
lance du commerce. — Il sert à payer les produits
manufacturés, expédiés d'Angleterre pour les besoins de l'Australie. Produits, non pas tous *manufacturés* en Angleterre; la plus grande partie, cela doit
être ; mais il y en a bien aussi, et pour une bonne
somme, qui bien qu'expédiés par l'entremise de l'Angleterre, sortent des ateliers et manufactures de la
France et du reste de l'Europe.

Pourquoi donc la France, si elle possédait les instruments d'action qui lui manquent aujourd'hui, n'entreprendrait-elle pas de faire concurrence, sur le marché d'Australie aux produits des manufactures étrangères, en échange de l'or ou des laines qu'elle en recevrait directement?

Est-ce que nous produisons ou fabriquons moins bien ou plus chèrement qu'aucun autre pays, en ce qui concerne nos articles indigènes? Quand les expositions universelles n'auraient servi qu'à démontrer l'évidence du contraire, elles auraient eu déjà pour nous un grand degré d'utilité.

Est-ce que *nos articles de Paris, nos articles de Lyon, nos vins,* bien d'autres articles encore, ne sont pas connus, appréciés, *préférés même* par un grand nombre des nations civilisées du globe?

Pour le goût, le fini, l'invention, est-il une seule nation qui l'emporte sur la nôtre ?

Tous ceux, en si grand nombre, qui ont visité la remarquable exposition des *Arts industriels,* ouverte en ce moment même au Palais des Champs-Élysées, pourront répondre à cette question.

Si nous ne faisons pas nos échanges directement, c'est *évidemment,* et j'ose ajouter *uniquement,* parce que l'insuffisance de nos moyens d'action, entièrement due à la faiblesse de notre organisation commerciale, comparativement à celle de l'Angleterre, ne nous en donne ni la force, ni même la possibilité.

Reste donc seulement *le plus fort tonnage et le plus grand nombre des navires* employés en Angleterre à ses échanges avec l'Australie, avec l'Inde, la Chine, l'Amérique et autres lieux.

Eh, grand Dieu! que l'on assure à nos armateurs des transports de marchandises à faire ; plus il y en aura, plus on verra s'agrandir promptement les dimensions et s'augmenter le nombre de leurs navires. Il ne restera bientôt plus qu'un besoin auquel il faudra satisfaire, ce sera d'élargir les passes d'entrée et la surface des bassins de nos ports.

Si ce qui précède semble vrai pour l'Australie, il en serait de même pour toute autre colonie étrangère.

Supposons que la France fut prochainement mise en possession des institutions commerciales anglaises.

Que l'on se demande l'effet que devra produire sur les nations de l'autre hémisphère, *sur celles surtout dont les produits naturels forment, comme matières premières, la base de notre industrie mafacturière,* l'assurance qu'elles rencontreront désormais dans les entrepôts français, les facilités, les avantages et la sécurité qu'ils n'ont pu trouver jusqu'à présent que dans ceux de *Londres* et de *Liverpool* :

Un concours financier, *presque sans limite d'importance et de durée;*

Un écoulement rapide, assuré par les *Ventes aux enchères* et ayant en même temps le mérite, de garantir, par la publicité du fait, la bonne foi, autrement dit la sincérité des comptes de ventes, et la taxation des frais.

Supposons encore, comme cela paraît être aujourd'hui *présumable*, que simultanément, si ce n'est plus tôt, la grande œuvre de l'Isthme de Suez arrivât à son but. Que cette route abréviative fut ouverte aux navires de grand tonnage; *qui, ou quoi, pourra empêcher les produits si abondants de l'Inde, de la Chine, du Japon et autres contrées avoisinantes de venir s'emmagasiner à Marseille?*

Peut-être y viendraient-ils, pour le compte des Anglais eux-mêmes, tout au moins, la portion reconnue nécessaire aux besoins de la France et du continent européen. Fort bons calculateurs, les importateurs anglais ne tarderaient sans doute pas à comprendre qu'ils épargneraient ainsi tous les frais de transport, assurances, transbordements et *autres*, jusqu'à Londres, et ceux de réexpédition des entrepôts de Londres sur ceux de l'Europe centrale.

Ne peut-on pas en dire autant à l'égard des producteurs et négociants des deux Amériques, pour la partie de leurs produits qui traverse l'océan Atlantique.

La ligne de communication avec le continent européen est, sinon plus directe, du moins tout aussi directe, et est plus facile et plus sûre, vers les ports de France, que jusqu'à Londres et Liverpool.

Admettons encore pour un moment, qu'un projet élaboré, il y a quelques années, pour la fondation à

Saint-Nazaire d'un grand établissement de Docks, à l'instar de ceux de Liverpool, n'eut pas avorté.

La ligne de navigation vers Saint-Nazaire, sensiblement plus directe avec les deux Amériques, eut été un puissant motif d'attraction.

De l'entrepôt de Saint-Nazaire, le grand chemin de fer d'Orléans qui y aboutit, eut transporté aux moindres frais possible, les matières premières et denrées réclamées par les besoins du centre de l'Europe, et de la Suisse en particulier.

Ce projet, élaboré par une respectable compagnie d'étude, en grande partie composée de négociants et de notabilités nantaises, avait pour but d'utiliser la vaste et belle anse de Villez-Martin, à Saint-Nazaire ; il a échoué, dit-on, par l'opposition du corps des ponts et chaussées, lequel, à tort ou à raison, a la réputation de ne pas facilement permettre à l'industrie privée d'envahir ce qu'il considère comme de son domaine ; il me remet, néanmoins, en mémoire, un fait qui ne laisse pas que d'avoir une grande signification.

Je puis donner comme certain ce fait, que l'annonce seule du projet produisit une vive émotion dans plusieurs États *du centre* de l'Amérique septentrionale ; États, soumis, jusqu'alors, à la nécessité d'exporter par la seule entremise de New-York, la totalité de leurs produits. Plusieurs de ces États du centre, que des lignes de chemins de fer, récemment construites, avaient mis en communication directe avec le port central et commode de Norfolk, entrevirent aussitôt la possibilité de secouer la quasi-tutelle des États du Nord.

Deux membres des Chambres de commerce de Norfolk et de Memphis furent députés par celles-ci à la Compagnie d'étude des Docks de Saint-Nazaire, pour examiner avec elle les voies et moyens d'établir *une ligne à navigation à vapeur directe entre Saint-Nazaire et le port de Norfolk.*

La guerre civile d'Amérique, qui éclata sur ces entrefaites, vint mettre fin aux négociations.

Peu de temps après, la Société d'étude se vit elle-même forcée de se dissoudre.

Aujourd'hui, la paix est depuis longtemps rétablie en Amérique, et peut-être qu'un jour .... Mais ceci pourrait m'entraîner trop loin Le fait n'est, d'ailleurs, pas positivement nécessaire.

Sans parler du port de Nantes, inaccessible à la grande navigation, n'avons-nous pas, à défaut de Saint-Nazaire, le port du Havre, armé de toutes pièces, sauf celles *nécessaires.*

Que le Havre soit mis à même d'assurer aux Américains les mêmes facilités financières *et autres* qu'ils trouvent dans les deux grands entrepôts de l'Angleterre, et peut-être que les Américains des États du Centre, fort clairvoyants en ce qui touche à leurs intérêts, ne tarderaient pas à établir eux-mêmes une ligne de navigation à vapeur, probablement susceptible d'être aussi productive qu'elle est désirable et même nécessaire pour eux.

Je venais d'écrire ce qui précède, lorsque mon attention a été appelée sur une très-intéressante étude, publiée par M. Alphonse Esquiros dans la *Revue des Deux-Mondes*, numéro du 1er octobre dernier, et particulièrement sur la partie de ce travail intitulée : **« Le port de Liverpool et les institutions anglaises. »**
Je ne puis résister au désir d'en citer quelques extraits.

Après avoir, avec l'esprit d'un clairvoyant observateur et le talent d'une plume exercée, décrit les grandioses établissements commerciaux qui ont été progressivement fondés dans la métropole maritime de l'Angleterre, M. A. Esquiros continue en ces termes :

« Après dix-neuf années d'absence, il m'a été donné de revoir
« dans notre pays une autre grande cité maritime. Par sa situation,
« l'étendue de ses rapports avec l'Orient, le caractère hardi et
« intelligent de son commerce, Marseille est le Liverpool de la
« Méditerranée ; elle a ce beau ciel qui manque à sa fière rivale
« du nord, cette mer bleue et solide à l'œil, *cæruleum mare*, qui
« enchantait les poëtes latins, cette ceinture de roucasses blancs
« qui défendent ses côtes. La nature a tout fait pour la vieille cité
« phocéenne. Une active population à l'œil noir et intelligent
« emplit ses larges rues, ses allées de platanes, ses quais magni-
« fiques. Depuis une vingtaine d'années, de grandes constructions
« maritimes ont été entreprises pour favoriser les progrès de la
« navigation et du commerce. Sans fermer le vieux port, dont le
« mérite est d'abriter admirablement les navires contre les coups
« de vent, on a ouvert le bassin de la Joliette, le bassin du Lazaret,
« le bassin d'Arenc, le bassin Napoléon, le bassin Impérial.

« Après avoir doté Marseille avec son argent, de bassins pour
« le mouillage des navires, l'idée vint un jour de lui construire
« des Docks.

« Les magasins de ces établissements sont de grands et nobles
« bâtiments pourvus d'un outillage considérable ; mais que l'é-
« tranger pénètre dans l'intérieur, et il s'étonnera du vide qui
« règne sous ces voûtes de pierre.

« Où sont les marchandises ? Les vastes salles, qui contiennent
« à peine quelques tonneaux de mélasse et quelques balles de
« coton, proclament assez que les Docks ne répondent point
« encore aux habitudes et aux besoins du commerce marseillais.
« Avant de s'engager dans des dépenses de ce genre, les Anglais
« auraient, au contraire, commencé par s'assurer le concours de
« toutes les personnes intéressées au succès de l'entreprise.

« .... Il n'entre point dans ma pensée de pousser plus avant
« ce parallèle, et je m'en voudrais d'avoir dit un mot qui pût
« blesser notre juste amour-propre national. Certes la France est
« assez grande par elle-même et assez éclairée pour profiter des
« leçons que lui donnent ses voisins ; elle occupe dans le monde
« un rang que nul ne lui conteste ; elle possède un territoire riche
« et fertile en productions variées, des mers qui lui ouvrent
« le chemin de toutes les entreprises commerciales ; elle a le
« droit d'être fière de sa population, race enthousiaste et généreuse
« qui ne recule devant aucune idée de progrès.

« Pour qu'elle prît tout son essor, que lui faudrait-il de plus ?
« L'esprit d'initiative auquel sont dus les presque miraculeux résul-
« tats obtenus en si peu d'années à Liverpool. Sans que l'État
« s'en mêle, cette ville s'étend, prospère et se transforme chaque
« jour. En France, en voulant donner l'impulsion, la main de
« l'État paralyse le plus souvent tout ce qu'elle touche.

« .... Ce qui distingue et divise les sociétés sont des ordon-
« nances, des actes de l'autorité supérieure. Les gouvernements
« ont mille manières d'entendre leurs intérêts ; les peuples n'en
« ont qu'une pour être grands et libres : c'est de vouloir et d'agir
« d'après leur conscience. »

Alphonse Esquiros.

Je conclus de ce qui est dit ci-dessus, au sujet des Bassins et des Docks du port de Marseille, qu'ils ont été avec beaucoup de raison, je crois, construits en vue de l'*avenir*, beaucoup plus que du *présent*.

Dans ma prochaine lettre, je me propose de résumer ce que j'ai cherché à exposer dans les trois précédentes, et à en tirer les conclusions ou prévisions qui me paraissent en devoir être les suites naturelles.

Agréez, etc.

IV.

Monsieur,

Dans ce qui précède, j'ai entrepris d'étudier, le mieux qu'il m'a été possible, ce qui constitue les bases principales de « L'ORGANISATION COMMERCIALE EN ANGLETERRE. »

Pour résumer cette partie de la question, il me faudrait revenir à la comparaison que j'ai établie dans ma première lettre, en supposant un véhicule, appuyé sur quatre supports, et mis en mouvement par des forces intellectuelles. Je crois préférable de renvoyer le lecteur à cette première lettre, plutôt que de lui présenter deux fois le même tableau.

Je pourrai d'autant plus promptement passer à l'examen de considérations d'un autre ordre qui rendront *palpables*, je l'espère, les vérités que je cherche à mettre en lumière.

C'est en me basant sur des faits que je vais maintenant établir une comparaison, qui, je m'empresse de le dire, sera, cette fois, moins pénible pour notre juste et légitime amour-propre national.

C'est dans les mouvements effectifs du *Commerce extérieur,* officiellement constatés en Angleterre comme en France, que je puiserai ces faits.

Je me bornerai à présenter ici, comme points de comparaison, d'ailleurs suffisants, les mouvements constatés à trois époques.

Ceux des années 1830, 1855, 1867.

Aux trois époques susdites, ces mouvements se sont résumés par les évaluations suivantes (je néglige les fractions de million) :

En Angleterre.

Années.			
1830.	Exportations. . 1,732 millions.		
	Importations. . 1,166 —	2,898 millions.	
1855.	Exportations. . 2,918 —		
	Importations. . 3,591 —	6,509 —	
1867.	Exportations. . 5,650 —		
	Importations. . 6,879 —	12,529 —	

En France.

Années			
1830.	Exportations. . 572 millions.		
	Importations. . 638 —	1,211 millions.	
1855.	Exportations. . 2,167 —		
	Importations. . 2,159 —	4,326 —	
1867.	Exportations. . 3,934 —		
	Importations. . 4,031 —	7,965 —	

Soit :

Mouvement général.

	France.	Angleterre.
En 1830. . .	1,211 millions.	2,898 millions.
En 1855. . .	4,326 —	6,509 —
En 1867. . .	7,965 —	12,529 —

Progression en 37 années.

Angleterre	3 milliards à 12 milliards, soit 1 à 4.
France	1,200 millions à 8 milliards, soit 1 à 7.

Dans une période de trente-sept années, l'Angleterre a seulement *quadruplé* son mouvement de commerce à l'extérieur, tandis qu'en France, ce mouvement est devenu *sept fois* plus considérable qu'il n'était il y a trente-sept ans.

L'on voit encore, par l'analyse du tableau qui précède, que la proportion du *mouvement général* opéré par les deux nations était :

En 1830, de 2 en France, contre 5 en Angleterre ;

En 1855, soit 25 années après, cette proportion n'était plus que de 3 en Angleterre contre 2 en France ;

En 1867, soit 12 années plus tard, nous la retrouvons de 2 en France, contre 3 en Angleterre.

Ainsi donc, dans la première période de vingt-cinq années, la France, qui, *aux époques antérieures, n'était guère qu'un pays principalement agricole,* a progressé dans les grandes voies du commerce extérieur, au point de conquérir une notable partie de la distance qui existait entre elle et la nation voisine, laquelle, notamment depuis le commencement du siècle, avait presque seule, et sans concurrence, régné sur les mers.

Dans la seconde période de douze années, de 1855 à 1867, la France *a maintenu sans fléchir, le rang qu'elle avait conquis.* L'une et l'autre nation ont progressé dans une proportion égale.

Que l'on vienne dire, après cela, que *l'esprit commercial*, la *hardiesse* et *l'intelligence des affaires*, ont fait défaut à nos commerçants, industriels et armateurs !

Non-seulement dépourvus des puissants instruments spéciaux qui eussent pu, comme ailleurs, leur venir en aide, mais entravés par la forme vicieuse donnée à ces mêmes instruments, ils ont su se placer au premier rang des nations commerçantes, immédiatement après l'Angleterre.

Qu'eût-ce été dans le passé, si cette lutte eût été entreprise à armes égales, et que sera-ce dans l'avenir ?

Combien donc n'importe-t-il pas de satisfaire sans délai à cette indispensable condition ! Combien n'est-il pas à désirer que cette *nécessité* soit, sans plus de retard, comprise et satisfaite par l'administration publique, dont le bon vouloir et le désir de marcher dans les voies les plus utiles ne sauraient être mis en doute.

J'ai cru pouvoir dire dans ma lettre du 31 juillet à la chambre de commerce de Paris, et je le répète ici, avec une conviction profonde : *Pour modifier l'état de choses actuel, pour donner la vie même à toutes nos autres institutions commerciales qui y aspirent,* UN SEUL ACTE reste à accomplir.

Que cet acte soit réalisé, et alors, alors seulement, s'ouvriront complétement pour la France les portes d'un avenir nouveau, en harmonie avec les immenses progrès de toute nature et de tous genres réalisés en France depuis 1848, *depuis qu'une haute et puissante intelligence préside à ses destinées, au milieu des épines que produisent quelquefois des ambitions aveugles, ou des intérêts froissés par ces progrès mêmes, une intelligence assez supérieure pour avoir compris les aspirations et les besoins de la France,* AVANT ET MIEUX PEUT-ÊTRE QUE LA FRANCE ELLE-MÊME.

En vérité, en vérité, je vous le dis, mes frères négociants, il n'y aurait qu'un aveuglement volontaire, l'apathie ou la paresse, heureusement fort étrangers à votre caractère général, qui pourraient entraver le progrès, dès que nous aurons l'instrument essentiel, *indispensable,* pour compléter *une bonne organisation commerciale.*

Ai-je besoin de nommer de nouveau le WARRANT?

Il ne me reste plus qu'un point à élucider, mais un point bien *essentiel,* le plus essentiel certainement après le warrant lui-même; c'est l'instrument que j'ai qualifié *d'huile essentielle,* de *quatrième roue,* en disant qu'après avoir existé autrefois en France, il n'y existe plus aujourd'hui. Ce sera l'objet d'une autre lettre.

Agréez, etc.

V.

Monsieur,

J'ouvre ici une parenthèse, pour aborder une question qui est loin d'être en dehors de mon sujet ; la question même du libre échange, que j'ai, plus haut, représentée sous la forme des « Rails » destinés à supporter, à faciliter la marche du char, autrement dit de *l'Organisation commerciale* dans son ensemble.

Cette question a été si longuement controversée, elle l'est même encore tellement aujourd'hui, qu'il est permis à chacun de dire ce qu'il en pense.

Pour ma part, la lecture des nombreuses discussions qui ont été publiées sur ce sujet a, plus d'une fois, rappelé à ma pensée cette parole d'un grand homme :

« La République est comme le soleil, aveugle qui ne la voit pas. »

Lorsqu'en 1854, sir Robert Peel, à l'instigation de Richard Cobden a imposé à son pays le «Libre échange», de vives résistances se sont élevées. J'ai personnellement assisté à une audience dans laquelle ont été formulées d'ardentes réclamations par les lamineurs de zinc, en Angleterre. En surmontant tous les obstacles par sa persévérance et son habile fermeté, sir

Robert Peel a inscrit son nom sur les registres de l'avenir.

C'est en 1860 et 1861, que l'expérience pratique réalisée en Angleterre a décidé plusieurs autres nations de l'Europe (France, Belgique, Italie, Association Allemande, Suisse), à se lier entre elles par des traités qui ont établi, en faveur de leur commerce réciproque, *une liberté d'échange illimitée*.

En d'autres termes, la suppression en principe des barrières de douane qui les avaient jusqu'alors séparées.

Ce progrès *à priori* ne frappe-t-il pas l'imagination comme une conséquence naturelle, autant que nécessaire, de l'avénement des chemins de fer; de la fusion que, par la seule force de leur action civilisatrice, ils tendent, de plus en plus, à opérer entre toutes les nations européennes ?

Je crois devoir déduire d'abord du fait en lui-même, une conséquence évidente. C'est que ce n'est pas sous l'initiative de l'Angleterre, tout au moins de l'Angleterre seule, qu'un traité de « Libre échange » a été consenti par la France avec les autres nations ; remarque qui n'est peut-être pas superflue après ce qui a été souvent dit et répété à ce sujet.

Ne paraît-il pas plus naturel de penser que l'exemple mis en pratique, six années auparavant en Angleterre, a inspiré aux divers gouvernements des autres pays la conviction que la chose était bonne et rationnelle en elle-même ?

En présence de ces importantes adhésions, ne serait-on pas en droit de traiter *d'aveugles* ceux qui refuseraient d'en reconnaître les avantages parce qu'ils auraient sur les yeux une taie produite par leur *intérêt lésé?*

Cette raison peut et doit même exister, et elle n'a rien qui puisse étonner.

Le *Libre échange* entraîne forcément à sa suite des conséquences qui ne peuvent être à la satisfaction des intérêts de tous.

De la part de ceux qui les trouvent préjudiciables pour eux, la résistance et la douleur ne sont, hélas! que trop faciles à comprendre et à définir.

Il est pénible, il est douloureux de se sentir inférieur à des concurrents. Il est pénible d'avoir à se dire que l'on va avoir *forcément* des progrès à faire.

Des procédés plus perfectionnés de fabrication ou de travail mécanique existent ailleurs, on pourrait les imiter, on le sent, on le sait même, mais... il y a des chances à courir, plus ou moins d'argent à débourser pour les adopter. Il en coûte cher, fort cher quelquefois pour changer un outillage, quelquefois créé depuis peu d'années, faute souvent de s'être aperçu à temps que l'on aurait pu mieux faire (1).

---

(1) Exemple. Que l'on compare ce que coûte aujourd'hui l'établissement d'une raffinerie de sucre, avec ce que cela coûtait il y a vingt-cinq ou trente ans. A cette ancienne époque, l'écart entre le prix du sucre brut et celui du sucre raffiné était d'environ 40 centimes par livre ; aujourd'hui, cet écart n'est plus que de 15 à 18 centimes, ce résultat est dû à l'adoption des procédés perfection-

On l'a dit fréquemment, et cela n'est que trop vrai, les progrès dans l'industrie, les dépenses qu'ils nécessitent, sont une des plus lourdes charges des fabricants, au profit des consommateurs.

Ne fût-ce que par le motif qui précède, l'industrie est naturellement disposée à rester stationnaire ; aussi progresse-t-elle rarement sans les stimulants amenés par la concurrence ou la force de la nécessité.

Que voulez-vous, à une époque où les chemins de fer, la vapeur, le télégraphe, etc., sont venus forcément abaisser les limites entre les nations, les barrières qui les séparaient tendent forcément et continueront certainement de plus en plus à disparaître.

Tant pis pour ceux ou pour celles que l'ignorance, ou l'apathie, ou la lésinerie, laisseraient en arrière, faute par eux de vouloir ou de pouvoir emboîter le pas à la hauteur du progrès.

Quant à ce fait que le *Progrès* est une *nécessité* à laquelle tout, et surtout l'industrie manufacturière,

---

nés de fabrication, importés en partie de Hollande et d'Angleterre, en partie dus aux perfectionnements réalisés en France par MM. Ch. Derosne et J.-F. Cail.

Que l'on demande aux raffineurs s'ils ont lieu de s'en plaindre.

Pour l'industrie métallurgique, il n'est pas besoin de citer d'autre exemple que celui du grand établissement du Creusot, où, sous l'impulsion de son habile directeur, l'honorable M. Schneider, des capitaux considérables ont été affectés à des améliorations de voies ferrées et autres qui le mettent aujourd'hui au niveau, *sinon au-dessus*, des plus grands, des plus importants établissements métallurgiques d'Angleterre.

est condamné à satisfaire, le fait en lui-même est vieux comme le monde, car, on l'a dit souvent, « Il n'y a rien de nouveau sous le soleil. »

L'allégorie du *Juif errant*, condamné à marcher sans cesse, est un exemple des idées anciennes, idées que l'on retrouve en remontant beaucoup plus loin encore dans la nuit du passé.

Qui ne connaît l'antique légende de *Jason partant pour la conquête de la Toison d'or.—Allusion, sans doute, aux premières tentatives de commerce extérieur.* — Sur sa route, il rencontre un monstre, il lui arrache les dents, il les sème, et il récolte des soldats.

En langage plus pratique, cela ne signifie-t-il pas qu'il fit passer son énergie et ses convictions dans l'esprit de ses adversaires, et qu'ils devinrent ses partisans ?

Ne serions-nous pas aujourd'hui dans une position à peu près identique ?

Dieu me garde d'avoir la pensée de comparer, comme au temps passé, à des monstres ceux qui ne semblent pas partager les convictions des *Libre-échangistes.* Mais ce n'est pas, je crois, dépasser la limite des convenances, que de les comparer à des aveugles, *à des aveugles de bonne foi,* si c'est la taie d'un intérêt lésé qui les prive de la lumière.

Examinons donc, sans préventions intéressées, les objections que l'on pourrait vouloir opposer aux faits sus-énoncés.

Tout cela est bel et bon, vont me répondre les *Protectionnistes*, mais il n'est pas moins vrai que notre industrie manufacturière est en souffrance, que nos départements industriels se soulèvent presque, en formulant leurs réclamations sous la forme de *Meetings*, présidés par les chefs des plus importantes fabriques. *Meetings* dont les journaux publient les manifestes ; en les exagérant peut-être un peu, ainsi qu'il leur arrive quelquefois ; mais qui, au fond, ne sont pas moins significatifs. *Deux mille* individus, dit-on, se sont réunis à Rouen, le 29 octobre, pour s'entendre sur ce qu'il y aurait à dire à M. Ozenne, secrétaire général du Ministère du commerce, attendu le 3 novembre.

Le même M. Ozenne avait visité, peu de jours auparavant, le département du Nord, où un *Meeting de six mille personnes*, disent les organes de la publicité, se serait réuni pour lui faire entendre un chorus de lamentations.

Voyons donc ce qu'il peut y avoir de fondé dans ce mouvement d'agitation, si fortement accentué, et si c'est bien en réalité au *Libre échange* que doit être attribuée la douloureuse situation qui a produit cet accord de réclamations.

La cause de tout le mal, dit-on, c'est que les manufacturiers anglais et suisses, usant trop largement du *libre échange*, nous ont inondé de leurs produits

J'avoue, pour ma part, que j'ai inutilement cherché,

au moyen des statistiques établies au Ministère du commerce, à me rendre un compte exact des quantités de marchandises fabriquées importées l'an dernier.

Les travaux considérables qu'exigent ces statistiques n'ont encore permis de les terminer *complètement* que jusqu'à la fin de l'année 1867.

Ce sont particulièrement les mouvements de l'année 1868 et ceux des six premiers mois de 1869 qu'il faudrait pouvoir consulter, pour se bien rendre compte du véritable état des choses.

A défaut de ce renseignement, l'examen et l'étude du mouvement des années antérieures en fournit d'autres qui ont bien leur importance ; parlons-en donc, faute de mieux.

Au premier examen des faits officiellement constatés, la statistique fait connaître que si l'on compare les mouvements du *Commerce extérieur*, dans l'année 1859, *année qui a précédé l'inauguration du* LIBRE ÉCHANGE, avec les mouvements de ce même *Commerce extérieur* en 1867, l'on trouve que, en 1859, le mouvement général du *Commerce extérieur* a été de 5 milliards 412 millions.

En 1867, ce mouvement s'est élevé à 7 milliards 965 millions (dont 4 milliards 31 millions à l'importation et 3 milliards 934 millions à l'exportation).

Cela constitue, par conséquent, en faveur de 1867, *un accroissement* de mouvement général de 2 milliards 553 millions.

Cet *accroissement* de mouvement, progressivement réalisé, *dans une période de sept années, est* un fait assez en faveur du *Libre échange*, pour permettre de penser que si quelques intérêts particuliers ont pu s'en trouver lésés, il n'en a évidemment pas été de même au point de vue général.

Quelques fabricants, peut-être trop arriérés pour se trouver au niveau du mouvement, ou par d'autres causes, ont pu souffrir ; mais quelles compensations ont dû être réalisées par le commerce et l'industrie en général et le mouvement maritime de la France !

Comment donc se peut-il faire que cet accroissement dans le mouvement général des affaires aboutisse, à la fin de 1869, à un *tolle* que les journaux des districts manufacturiers de Normandie et du Nord présentent comme un *Vox populi* contre le *Libre échange*.

Il y a certainement quelque autre cause que la statistique révélera sans doute un jour.

À défaut de cette lumière, on ne peut guère avancer qu'à tâtons dans le champ des suppositions.

Je m'y hasarde donc, tout prêt à m'arrêter si un fait plus explicatif venait à être signalé.

D'où et de quelle part viennent les réclamations ?

Si je ne me trompe, elles se manifestent principalement, pour ne pas dire *uniquement* (pour ma part, je n'en vois pas d'autres) dans les districts manufacturiers *où l'on file et tisse le coton*.

Ne pourrait-il pas se faire qu'elles fussent simplement la suite et la conséquence des faits, bien connus, qui se sont produits pendant et après la guerre civile d'Amérique?

Personne n'ignore la perturbation profonde que cet événement a apporté dans le prix des cotons, et quelles ont été les craintes des manufacturiers un moment menacés de se trouver privés de cette *indispensable* matière première.

C'est à cette crainte, sans doute, que l'on doit attribuer, au moins en partie, les spéculations si considérables auxquelles les cotons bruts ont donné lieu, particulièrement par marchés à terme, ce que l'on appelle *marchés à livrer*.

Lorsque, presque à l'improviste, les hostilités ont pris fin en Amérique, le prix des cotons bruts s'en est presque aussi rapidement ressenti.

Un bon nombre de manufacturiers, en majorité peut-être, ont dû voir tourner contre eux des opérations que la prudence avait pu conseiller.

En pareille situation, vouloir revendre en nature les cotons bruts n'eût probablement abouti qu'à précipiter la baisse des prix, qu'à écraser les cours de la matière première et des produits fabriqués.

Il a dû, très-probablement, paraître préférable à un certain nombre de fabricants, sans doute des plus riches et des plus importants, d'utiliser la matière première, avec la perspective de vendre à de meilleurs prix les produits fabriqués, ne fusse qu'en gagnant du temps.

Or, si le nombre de fabricants ayant pris la même détermination a été tant soit peu considérable, il n'y aurait rien de surprenant à ce que leurs productions réunies ne soient venues dépasser les forces d'absorption de la consommation.

De là mévente, engorgement de produits dans les fabriques, nécessité de ralentir, quelquefois de suspendre totalement les travaux; abaissement nécessaire du prix de la main-d'œuvre ; souffrance générale dans les districts spéciaux où se travaille le coton; souffrance non-seulement pour la classe ouvrière, mais aussi pour celle si nombreuse des établissements secondaires que les fabriques font vivre; fournisseurs et réparateurs de matériel, d'approvisionnements divers, etc., etc.

En présence d'un semblable état de choses, s'il existe réellement, il n'y aurait rien d'étonnant à ce que 6,000 personnes de toutes classes et de tout le voisinage de Roubaix (Lille, Tourcoing, Cambrai et autres), aient pu, à un jour donné, se trouver réunies à Roubaix pour faire entendre au délégué de M. le ministre du commerce un cri soi-disant général.

Le même fait, dû à des causes identiques, a pu naturellement se produire à Rouen.

Ce qui me paraîtrait beaucoup plus surprenant, ce serait que les intérêts de trente-sept millions de Français se trouvassent solidaires d'un fait spécial et aussi compréhensible que serait celui qui précède.

La France ne périra pas parce qu'un certain nombre de manufacturiers auront à supporter sur la vente de leurs produits manufacturés ce qu'ils auraient perdu en revendant en nature leur matière première.

Prendre le fait assez sérieusement en considération pour admettre la demande de fermer les portes des Douanes françaises jusqu'à ce que les fabricants de fils et d'étoffes de coton aient écoulé leur *trop plein* ; bien mieux encore, *dénoncer le traité de commerce avec l'Angleterre*, uniquement en vue d'une semblable considération, si l'on n'en constate pas d'autre, serait certainement adopter un remède infiniment pire que le mal.

Il m'est, je crois, permis de tenir ce langage, après ce que j'ai cru pouvoir exposer plus haut, en faveur de la liberté accordée aujourd'hui aux échanges entre les nations

Quoi qu'il en soit, il n'y a pas à en douter, un grand état de souffrance existe dans le Nord et dans l'Ouest de la France. J'hésite à dire dans l'Est; car les discussions que le fait a soulevées, indiquent que les *indienneurs* de Mulhouse sont en désaccord avec les *filateurs* et *tisseurs* de coton, et sur le fait et sur la cause. Toujours est-il qu'une *crise manufacturière* fait, en ce moment, sentir ses funestes effets.

Les médecins, notamment « la Presse, » appelés en consultation, recherchent la cause du mal. Cette dernière, en attendant mieux, applique la fleur de réthorique, malheureusement souvent plus excitante que calmante en circonstance pareille. Cela, néanmoins, ne saurait mal faire, car la discussion produit la lumière. Il importe seulement de ne pas commencer par plonger celle-ci dans les ténèbres ; or, ce serait à tort, il me semble, que l'on voudrait examiner simultanément les causes de souffrance qu'il peut y avoir dans *l'industrie métallurgique*, avec celles qui existent dans *l'industrie cotonnière*. Ces causes ne sauraient évidemment être les mêmes. Ce serait certainement bien plus encore s'écarter de la vérité que de vouloir rendre solidaire, que dis-je, *responsable* du fait, le principe du *Libre-échange*.

Qui voudra contester et pourra soutenir que le moyen le plus puissant de venir en aide à l'Industrie manufacturière n'est pas de lui procurer, au meilleur marché possible, *ses matières premières*.

C'est sur ce terrain que « la Presse » devrait surtout, il me semble, chercher à amener la discussion. Au lieu de s'affaiblir dans une polémique tardive, puisque le mal est arrivé, ce sont les moyens d'en empêcher le retour qu'il importe de rechercher.

Il vaut toujours mieux prévenir le mal que d'avoir à le réparer.

Dans ma lettre suivante, je reprendrai la suite de mon exposé, interrompu par cette parenthèse que je m'empresse de fermer.

Agréez, etc.

VI.

Monsieur,

J'ai annoncé, dans mon avant-dernière lettre que je passerais à l'examen de l'instrument que j'ai représenté comme le *quatrième support* de l'édifice commercial en Angleterre.

Cet instrument, supprimé en France depuis quelques années seulement, était autrefois dénommé :

« La Corporation privilégiée des Courtiers de commerce assermentés. »

En Angleterre, c'est par l'entremise des *Courtiers* (Brokers) que se réalise la plus grande partie des opérations auxquelles donne lieu l'utilisation des *Warrants*.

Ce sont eux, particulièrement, qui aplanissent, qui résolvent même à l'avance une grave et importante difficulté que, sans cette calmante intervention, pourrait rencontrer l'emploi des Warrants dans le cas spécial où ils sont affectés à la garantie d'*avances*.

Je croirais mal qualifier ce dernier fait si j'employais le mot *emprunt*. Ce mot, pour mieux dire la signification que nous lui donnons en France, ne serait certainement pas compris en Angleterre.

L'opération y est, et très-rationnellement je crois, considérée seulement comme un échange *réciproque* de confiance.

Alors que le client confie toutes ses valeurs à son Caissier, celui-ci peut bien faire confiance à son client d'une partie de ce qu'elles représentent.

Dans une pareille réciprocité, le mot même de *confiance* ne serait pas à sa place dans la bouche du Caissier.

Il y serait moins encore lorsqu'il s'agit d'avances garanti s par des *Warrants*, puisque c'est au titre lui-même et non au propriétaire inconnu que l'avance est faite.

Toutes les maisons de commerce ne sont pas de *premier ordre*.

D'un autre côté, il y a fort peu de Banquiers, s'il y en a, qui soient en état d'apprécier la valeur d'une marchandise; encore moins de toutes les variétés de marchandises que renferme un entrepôt public.

Il n'y a que les Courtiers en marchandises qui, tous les jours sur la brèche, obligés par état de suivre attentivement les variations présentes ou présumées des cours, *chargés en outre de réaliser les ventes publiques*, il n'y a, dis-je, que les Courtiers qui puissent, avec une quasi-certitude, affirmer la qualité et la valeur de telle ou telle partie de marchandise.

Il résulte de ce fait, gros d'évidence, qu'à Londres et à Liverpool, les maisons de commerce, celles qui ne sont pas tout à fait du premier numéro, lorsqu'elles désirent une avance sur un ou plusieurs warrants, s'adressent, non pas au *Caissier*, chargé du service de leurs recettes et payements, mais au *Courtier* (Broker) qui possède leur clientèle.

Celui-ci, se transformant aussitôt en banquier, fait lui-même l'avance demandée, *en prenant à son compte courant, chez son propre Caissier, la somme nécessaire,* et remettant chez ce dernier, *à son compte de dépôt,* les warrants *endossés en blanc* que lui-même a reçus en garantie de son client.

En pareille circonstance, le Courtier ne refuse, n'hésite même jamais à satisfaire à la demande, du moment où elle lui paraît proportionnée à la valeur de la garantie représentée, tant par le ou les warrants, que par *la solvabilité particulière du client.*

A cet égard, il n'y a pas plus moyen de tromper cet intermédiaire, qu'il ne peut se tromper lui-même. S'il n'est pas suffisamment fixé au moment où la demande lui est faite, il lui suffit de remettre sa réponse au lendemain, soit pour avoir le temps d'envoyer un de ses employés vérifier dans le magasin la qualité de la marchandise, soit pour se renseigner auprès d'un confrère sur la valeur de cette marchandise, si elle n'est pas dans sa spécialité. Genre de service réciproque que les courtiers entre eux ne se refusent jamais.

Le *Courtier* a d'autant moins à hésiter qu'il n'a aucun déboursé à faire. C'est le *Caissier* que cela regarde, et celui-ci toujours en quête de placements pour les fonds que sa clientèle de commerçants et de simples particuliers lui verse en abondance, est toujours prêt à les placer avec sécurité et *pour aussi longtemps que l'emprunteur peut le désirer.* L'intérêt qu'il perçoit par compte courant en rémunération de ces avances, l'indemnise largement de sa bénévole intervention ; intervention triplement garantie, *d'abord par le Warrant ;* puis *par la solvabilité particulière du Courtier* auquel le Caissier est *censé faire* l'avance, mais en sachant fort bien que le Courtier (qui n'opère jamais pour son propre compte), *est lui-même couvert par la solvabilité plus ou moins grande de son client.*

Si l'on s'adressait directement au Caissier, et que celui-ci, *par confiance dans la simple déclaration du demandeur,* sans être autrement à même d'apprécier la valeur et la qualité du gage, *consentit à faire l'avance les yeux fermés,* il pourrait, souvent peut-être, s'en fort mal trouver.

Que l'on s'informe auprès de l'un des trois grands établissements financiers, fondés à Paris depuis quelques années, de ce qu'il lui en a coûté pour avoir eu cette confiance. Il le dira sans doute, car le fait n'est pas ignoré.

L'intervention des *Courtiers* doit donc être considérée comme *indispensable* pour les maisons qui ne sont pas de premier ordre, et naturellement c'est le plus grand nombre.

Quant à celles auxquelles la notoriété de leur fortune permet d'accorder une confiance illimitée, elles
n'ont besoin de recourir et ne recourent à aucun intermédiaire.

Elles remettent, suivant l'usage général, simplement et directement leurs warrants et autres valeurs
en dépôt chez leur *Caissier*, et celui-ci paye pour
elles au débit de leur compte courant, tout ce qu'elles
lui donnent l'ordre de payer, quelle qu'en soit l'importance et quelle que doive être la durée de l'avance;
*avance que vient toujours couvrir, un peu plus tôt
ou plus tard la vente de la marchandise* dont le produit, comme je l'ai expliqué dans une de mes lettres
précédentes, est versé par le Courtier lui-même chez
le Caissier, au crédit du client pour le compte duquel
la vente a été effectuée.

Cette utilisation pratique du Warrant ne ressemble
en aucune façon. on le voit, à l'emploi que l'on a, à
peu près vainement, tenté de faire en France du
Bulletin de gage accompagné des nombreuses complications formulées dans les quinze articles de la loi
du 28 mai 1858 ; sans parler du règlement d'administration publique venu à la suite. — Il n'est question
dans l'un et dans l'autre que de *négociation, d'escompte* et de *réescompte* du *Bulletin de gage*;
*opérations auxquelles le Warrant n'est aucune-
ment susceptible de se prêter.*

Si je me suis clairement expliqué, l'on doit maintenant comprendre les *facilités*, la *commodité*, l'*effi-*

cacité, enfin *la sécurité pour tous*, qu'assure la simple et rationnelle manière de procéder que je viens d'analyser.

Sécurité et convenance pour tous.

Pour le *Courtier*, parce qu'il acquiert par cette intervention, exempte de risques, la préférence pour être chargé de la vente des marchandises.

Pour le *Caissier*. Inutile de rien ajouter à ce que j'en ai dit plus haut.

Pour le *Négociant* ou *Maison de commerce*, et ceci est peut-être le point le plus important, le plus intéressant ; parce que, en opérant ainsi, il ne fait entrer aucun autre que le Courtier dans le secret de ses affaires, et ne s'expose, par conséquent, en aucune façon, à compromettre son crédit, en rendant apparent un moment de besoin ou de gêne, en supposant que tel fut le motif de la demande d'avances.

Le plus souvent il n'y en a pas d'autre que celui de soutenir une opération de longue haleine, ou de lui donner une plus grande extension.

Cette sauvegarde du crédit, si *importante*, si *précieuse*, pour toute maison de commerce, fût-elle de premier ordre, est en outre garantie aux négociants par un fait, tout spécial, que jusqu'ici je n'ai pas eu occasion d'expliquer.

Je m'empresse de le faire.

Lorsqu'une partie de marchandise est entrée en magasin, le Warrant par lequel elle est aussitôt représentée, est délivré au nom du déposant. Celui-ci appose sa signature derrière; après quoi, le Warrant, quel que soit le nombre de changements de propriétaire de la marchandise, avant que la consommation la réclame, passe de mains en mains, *sans qu'une seconde signature vienne jamais s'apposer à la suite de la première.*

Il en résulte que le Caissier, ignorant à qui appartient en réalité la marchandise, ignore également à qui les avances ont pu être faites. Il ne s'en inquiète nullement et ne s'en informe jamais; il ne connaît que le *Courtier et le Warrant*, lesquels le mettent conjointement à l'abri de toutes mauvaises chances.

Quant au Courtier, son intervention est tellement naturelle et si peu compromettante que la seule rémunération de son concours est la commission qu'il perçoit, lorsqu'il est appelé à réaliser la marchandise en vente publique, ou autrement.

Ai-je eu tort de représenter cette intervention comme L'HUILE, *indispensable pour assurer un facile mouvement a l'ensemble ?*

Hélas! la corporation des courtiers assermentés n'existe plus aujourd'hui en France.

Il y a bien encore des Courtiers, mais *ils ne sont plus assermentés; ils n'ont plus à verser de cautionnement pour répondre de leurs actes.* La faculté accordée à tous et à chacun de se constituer Courtier, sans avoir de charge à payer, équivaut à *zéro de responsabilité.*

7

Nous n'avons donc plus cette *huile* si nécessaire ; cette *quatrième roue* sans laquelle le char ne pourra que s'avancer lentement sur une route encombrée de difficultés.

Que l'on ne se hâte pas trop, cependant, de verser des larmes de regret ; je crois pouvoir affirmer qu'il est possible, je pourrais même dire facile, de suppléer à cette absence.

Je ne pourrais toutefois formuler à cet égard qu'une opinion toute personnelle, jusqu'à ce qu'elle ait été sanctionnée par l'autorité supérieure, à laquelle je m'empresserai de la soumettre dès que l'opportunité se présentera, en la suppliant seulement de l'étudier avec soin, de la corriger, de la compléter, s'il y a lieu.

Je dois donc attendre que l'on ait consenti à procéder à cette étude.

Qu'il soit satisfait à cette *indispensable* condition, aussitôt après, ou en même temps que le véritable WARRANT aura été créé, et ce dernier *verra immédiatement s'ouvrir, à deux battants, devant lui, les portes de nos grands établissements financiers*, et bien d'autres encore.

Les *Ventes en gros, aux enchères publiques*, deviendront, à partir de ce moment, *aussi usuelles qu'utiles et productives*.

Faits destinés à grandir et à se développer, à mesure, qu'appuyés sur ces fortes institutions, *notre*

Commerce, notre Industrie, notre Marine marchande, iront eux-mêmes en grandissant.

Il est temps, je crois, de terminer ce long exposé, en le résumant; c'est ce que je vais entreprendre de faire.

J'ai cherché à démontrer d'abord que si les éminentes dispositions de la France pour le *négoce* n'ont pas encore complétement produit leur effet utile, cela tient, par-dessus tout, à l'insuffisance de notre organisation commerciale.

Bien plus encore, pourquoi ne pas le dire nettement, à *ses défauts.*

Les *Monts-de-Piété* institués dans les centres manufacturiers sous le titre de *Magasins généraux,* ont-ils servi à autre chose qu'à stimuler, à surexciter la production au delà des besoins de la con sommation

Les faits qui se passent aujourd'hui ne le démontrent que trop.

Sans les emprunts qu'ils ont facilités, les approvisionnements de coton brut n'eussent probablement pas été aussi exagérés qu'ils ont pu l'être, et l'on eût sans doute évité la crise manufacturière qui se fait sentir en ce moment.

Ils ont pourtant encore servi à autre chose: *à faci-*

*liter la réalisation de certaines manœuvres frau-
duleuses qui ont fait de trop nombreuses victimes.*

Qui pourrait énumérer la somme de marchandises qui ont été achetées à *crédit*, uniquement pour en *faire argent de suite*, après les avoir couvertes du manteau engageant dénommé : « Bulletin de gage? »

Absolument comme cela se pratique journellement, dans une sphère différente, au moyen des « Reconnaissances des Monts-de-Piété. »

Il sera plus que suffisant d'en citer un seul exemple, auquel j'ai déjà fait allusion dans le cours de cet écrit.

Les comptes rendus d'un de nos plus grands établissements financiers, n'ont-ils pas fait connaître que, pour sa part, il a été victime d'abus de confiance, tant *sous forme de gages sans valeur* qu'autrement, dans une proportion *qui a dépassé* cinq millions de francs.

*Des faits de cette nature n'auraient positive-
ment pas pu se produire si, comme en Angleterre,
les opérations se fussent accomplies par l'entremise d'un* Broker.

Dans un autre ordre de faits ; que l'on additionne les résultats des abus de confiance que la publicité a fait connaître, comme ayant été accomplis par des commis-caissiers, ou autres comptables infidèles, sans parler de tous les faits de ce genre qui n'ont pas été livrés à la publicité; *l'on aura pour total des deux causes les défectuosités de notre organisation commerciale et financière.*

Que l'on compare cet état de choses avec le *contrôle naturel* et la *sécurité* qu'assurent aux commerçants anglais l'intermédiaire des *Brokers* pour les marchandises et des *Caissiers - Banquiers* pour les mouvements financiers.

Que ces vérités soient enfin comprises et bientôt l'avenir viendra faire oublier par de larges compensations la lenteur que ces pratiques auront mises à se produire.

Le fait en lui-même ne pouvait d'ailleurs, je m'empresse d'ajouter cette circonstance atténuante, se produire beaucoup plus tôt.

Il fallait d'abord posséder la réunion des éléments nécessaires, et ce n'est que progressivement, depuis 1858, qu'ils sont arrivés à se réaliser.

Tous existent aujourd'hui on ne saurait trop le répéter. Il ne manque plus absolument que le WARRANT, pour que l'ensemble soit en état de fonctionner en quelque sorte de lui-même.

Qu'une loi, *simple et énergique comme le* WARRANT *lui-même,* vienne doter la France de cet inappréciable instrument et tel que d'un foyer préparé jaillissent tout à coup la lumière et la chaleur, dès qu'une parcelle phosphorique est mise en contact avec lui, telles nos institutions commerciales actuelles, *Magasins publics, Ventes aux enchères, Établissements financiers*, produiront *instantanément* le degré d'utilité qu'elles n'ont pu atteindre jusqu'à présent.

La jeune génération qui acquiert aujourd'hui dans nos écoles publiques ou particulières la somme éblouissante de connaissances *théoriques* aujourd'hui exigées comme une condition *sine quâ non* d'admission dans presque toutes les professions libérales, *à commencer par celle des emplois publics*, la jeunesse, dis-je, verra bientôt s'ouvrir devant elle, comme perspective d'avenir, LA VASTE CARRIÈRE DU COMMERCE EXTÉRIEUR, dans des conditions complétement différentes de celle qui en avaient, jusqu'à présent, circonscrit les limites.

Elle n'aura plus à rêver ses seules chances d'avenir dans *les spéculations aléatoires de la Bourse*, ou à chercher l'emploi de ses loisirs *dans la bureaucratie administrative*, dont le poids, pour le dire seulement en passant, pèse si lourdement sur la France, ne fût-ce qu'en raison des incalculables pertes de temps dont elle est cause.

L'ESPRIT COMMERCIAL engendrerait l'esprit du TRAVAIL, source certaine de moralité et de satisfaction lorsque, *mis à même de s'exercer et de s'étendre dans des voies productives*, il a pour résultats naturels, la richesse et la considération.

Conséquence légitime, parce qu'elle est méritée.

Jeunes intelligences, tournez vos regards vers l'avenir commercial qui vous sera bientôt pleinement ouvert *et tâchez de conquérir, de mériter le titre dont je suis, pour ma part, fier de me couvrir, en signant,*

UN NÉGOCIANT.

POST-SCRIPTUM.

Ce qui précède était à l'impression, lorsque les deux lettres ci-après ont été échangées.

La première est de l'un des chefs les plus *agissants* du parti *Protectionniste*.

Elle répond à des explications données sur le système de crédit usité en Angleterre ; explications dans lesquelles le *warrant* est présenté comme étant la base principale de tout le système.

31 octobre 1869.

« Monsieur,

« Je vous remercie de n'avoir pas oublié ce que j'ai été heureux
« de faire, avec vous, en 1858, pour l'organisation du *Magasinage*
« *public*, et je ne saurais trop vous louer des nouvelles démarches
« que vous allez entreprendre. Je désire vivement que vous réus-
« sissiez, et vous prie de recevoir mes sincères remerciements
« pour les deux brochures que vous avez bien voulu m'envoyer.

« . . . . . . Bien que les moyens de crédit dont vous me par-
« lez ne sauvent pas l'Angleterre des épouvantables crises com-
« merciales et industrielles qui reviennent à de courts intervalles,

« je n'en pense pas moins que toutes les améliorations possibles à
« apporter à notre système de crédit doivent être sérieusement
« étudiées.

« On abuse tant du *warrant*, en Angleterre et en France,
« comme instrument de spéculation, qu'on peut se demander si
« les pertes énormes qu'il cause à l'industrie universelle sont
« compensées par les bénéfices et services qu'il lui rend.

« Je vous retourne les documents que vous m'avez adressés,
« et vous prie d'agréer l'assurance de mes sentiments les plus
« distingués. »

RÉPONSE.

Paris, le 1er novembre 1869.

Je m'empresse, Monsieur, de répondre à votre lettre, reçue ce
matin.

Permettez-moi de réclamer en faveur du warrant.

Je nie, *formellement*, qu'il ait été pour rien dans les crises
commerciales, industrielles ou *financières*, qui se sont produites
à de courts intervalles en Angleterre.

Les plus rapprochées de nous sont au nombre de trois :

La première, due à l'insurrection de l'Inde ;

La deuxième, due à la guerre civile en Amérique ;

La troisième, la plus récente, purement financière, entièrement
due à l'abus qui a été fait du *Crédit*, par les établissements de
crédit fondés par actions, avec responsabilité limitée (limited
societies).

Dans les deux premières circonstances, l'Angleterre, *qui ne vit que par l'exportation*, a vu, soudainement, se fermer les portes de ses principaux débouchés.

Les prix de la main-d'œuvre ont immédiatement baissé en conséquence.

A ces deux époques, Monsieur, j'ai de mes yeux vu, dans les districts manufacturiers, des enfants d'ouvriers périr de faim au coin des bornes, après que les chefs de famille avaient vendu ou engagé jusqu'à leurs vêtements.

Conséquence redoutable d'une puissance de production manufacturière trop considérable et surtout trop *spécialisée* (1).

---

(1) Un seul exemple, parmi bien d'autres :

Les forges de Dowlais (pays de Galles) font vivre environ 20,000 personnes. Elles renferment 22 hauts fourneaux, avec des laminoirs en proportion, et produisent, *fabuleusement bon marché*, des rails et *rien que des rails*, de détestable qualité, *uniquement* destinés aux chemins de fer d'Amérique.

En 1854, dans un moment de crise financière, dans l'Amérique septentrionale, l'auteur de cet écrit a eu occasion de visiter ces forges, en compagnie de l'un des principaux ingénieurs du Creusot.

Les travaux des forges étaient presque suspendus et le prix de la main-d'œuvre avait été forcément réduit de moitié.

Après avoir vu des groupes d'enfants mourant de faim dans les rues, et des familles entières mendiant leur pain dans les alentours, l'ingénieur écrivit à l'honorable M. Schneider pour le féliciter de ce que le Creusot avait, comparativement, en sa faveur, non-seulement une *supériorité de qualité*, mais l'immense avantage de transformer ses matières premières, minerai et houille, *en une variété de productions* depuis la barre de fer jusqu'à la locomotive, les ponts suspendus, etc.; ce qui le met à l'abri des crises affectant telle ou telle production spéciale.

Il concluait en déclarant, qu'après l'étude *à peu près complète* qu'il venait de faire, des plus grands établissements métallurgiques d'Angleterre, il demeurait convaincu qu'il n'en existait AUCUN *qui pût soutenir une comparaison avec le Creusot.*

Dans la dernière crise, en 1865, les établissements financiers par actions (limited societies), qui avaient inscrit sur leur drapeau, comme un appât fallacieux, le mot *Crédit*, ont, *presque tous*, sombré à la fois.

La maison de banque, autrefois si puissante et si respectable avant le décès des fondateurs, Overend, Gurney and C°, a baissé pavillon une des premières.

Pourquoi ?

Parce que les successeurs, alléchés par l'appât d'une forte prime, avaient consenti à transformer le vieil établissement en une Société par actions (limited) et abandonné la gestion à des théoriciens inhabiles.

A l'envi les unes des autres, les sociétés de crédit se sont engagées réciproquement dans des circulations de papier absurdement exagérées, principalement pour soutenir des entreprises de chemins de fer *en construction*, notamment sur le continent et particulièrement en Belgique, en participation avec les sociétés de crédit de ce dernier pays, et cela sur le simple dépôt en garantie d'actions ou d'obligations à *émettre*; opérations dont les risques étaient compensés par de *grosses* commissions.

La Banque d'Angleterre a, tout à coup, jugé prudent de mettre un frein à ce débordement, toujours croissant, de papier aussi faiblement garanti.

De là, la crise financière de 1865.

Le WARRANT *n'a été pour rien dans tout cela.*

Cette déclaration, *faite en 1854*, ne porta pas la conviction dans l'esprit de M. Schneider. *Elle le rendit seulement jaloux de la voir devenir effective.*

Depuis lors, un capital considérable a été employé par la Société du Creusot, notamment à la création de nouvelles voies ferrées, et à l'amélioration du matériel de celles déjà existantes.

Aujourd'hui l'honorable M. Schneider lui-même ne conteste plus que l'assertion de 1854 est maintenant *vraie*, *légitime* et *justifiée*.

Quant au *warrant* lui-même, qu'il puisse servir en Angleterre (en France il n'existe pas) à faciliter de très-grandes *spéculations*, ayant pour objet l'importation dans les entrepôts anglais, dans les années de récolte abondante, des produits NATURELS *exotiques*, je ne le conteste pas; mais j'ajoute que ces *importations spéculatives*, à partir du moment où la marchandise a été *warrantée*, peuvent attendre sans trouble, sans inquiétude et surtout sans *crise commerciale*, que les besoins successifs de la consommation viennent les réclamer.

Le négociant anglais, en pareille circonstance, attend, pour renouveler ses approvisionnements, qu'il ait, en partie, écoulé son stock.

Il n'y a, suivant moi, de crises véritablement désastreuses, *sauf les crises financières ou politiques,* que celles résultant *des excès de la production manufacturière.*

Aujourd'hui que l'on se plaint si haut et si fort dans nos districts manufacturiers (principalement dans ceux où l'on travaille le coton) d'un *engorgement* que l'on attribue à ce que l'Angleterre et la Suisse nous ont, dit-on, *inondés* de leurs produits manufacturés; si l'on recherchait quelle est la quantité et la valeur des cotons fabriqués (fils et étoffes), auxquels servent en ce moment de refuge les cinquante ou soixante *Monts-de-piété* dont la création a été autorisée dans les principales villes de l'intérieur, sous le titre aussi engageant que trompeur de *Magasins généraux*, peut-être y trouverait-on le mot de la situation : *une production dépassant les besoins de la consommation.*

Si tel se trouvait être l'état des choses, il serait peu généreux de demander la fermeture des portes des Douanes françaises, uniquement afin d'éviter une trop grosse perte sur l'écoulement d'un *trop plein* créé par la spéculation.

Il le serait bien moins encore de réclamer la dénonciation des traités de *Libre échange*, en vue du but sus-énoncé.

En d'autres termes, si je ne me trompe, de demander que l'on sacrifiât L'AVENIR DE LA FRANCE à la sauvegarde de quelques intérêts particuliers.

Loin de moi la pensée qu'un pareil désir ait jamais pu entrer *sciemment* dans l'esprit d'aucun des honorables manufacturiers de la France, mais avec ou sans préméditation, le résultat ne serait-il pas le même ?

Je termine en disant que cette question, dont l'administration publique paraît en ce moment vivement préoccupée, devra indubitablement être bientôt et très-complétement élucidée.

Agréez, etc.

DEUXIÈME POST-SCRIPTUM.

Au moment où cet écrit allait paraître ont été publiées les deux dépêches suivantes :

COMPAGNIE UNIVERSELLE DU CANAL MARITIME DE SUEZ.

AVIS.

Le Canal maritime est ouvert a a grande navigation depuis le 17 novembre 1869.

Article premier du règlement de navigation, rendu public, conformément aux statuts, le 17 août 1869.

« La navigation sur le canal maritime de Suez est permise à tous
« les navires, quelle que soit leur nationalité, pourvu qu'ils ne
« calent pas plus de sept mètres cinquante centimètres ($7^m 50$), le
« canal ayant huit mètres (8^m) de profondeur.

« Les navires à vapeur pourront naviguer sur le canal à l'aide
« de leur propre propulseur.

« Les navires à voiles au-dessus de cinquante tonneaux seront
« tenus de se faire remorquer, en ayant recours au service établi,
« à cet effet, par la Compagnie.

« Les steamers qui voudront se faire remorquer traiteront de
« gré à gré.

« Chaque navire remorqué fournira ses amarres. »

« FERDINAND DE LESSEPS. »

*La Compagnie tient le règlement de navigation à la disposition
de tous ceux qui le demandent à l'administration, à Paris, 9,
square Clary.*

COMPAGNIE UNIVERSELLE DU CANAL MARITIME DE SUEZ.

AVIS.

Le comité de direction vient de recevoir de M. le président-
directeur de la Compagnie de Suez le télégramme suivant :

« Ismaïlia, le 26 novembre 1869, 1 heure apres midi.

« Vous pouvez opposer aux nouvelles absurdes qui font baisser
les actions, qu'en dix jours, cinquante bâtiments, représentant
trente-cinq mille tonnes, ont été de la Méditerranée à la mer Rouge,
et sont revenus à Port-Saïd.

« Aucune destruction de berges ne s'est produite. Des télégram-
mes successifs ont déjà fait connaître le grand succès de la Compagnie.

« FERDINAND DE LESSEPS. »

O mes concitoyens, puissiez-vous partager ma conviction profonde !

L'*heure a sonné* pour l'accomplissement des desseins de la Providence en faveur de notre grande et belle France, ne soyons pas sourds à sa voix.

Depuis vingt années, surtout, la voie du progrès est largement ouverte, et *les résultats* des efforts accomplis dans le passé sont un gage certain de ceux qui viendraient couronner les efforts à faire en vue de l'avenir.

L'esprit *d'initiative* qui, jusqu'à présent, est loin d'avoir été en France tout ce qu'il aurait pu être, ne demande plus qu'à s'exercer aujourd'hui.

Paris. — Imp. Paul Dupont, 41, rue Jean-Jacques-Rousseau.—1830.12.9

TABLE ANALYTIQUE

Pages

Paris. — Impr. Paul Dupont, 41, rue Jean-Jacques-Rousseau (4750 — 12.9)